创业通识教育系列

青年学子创业之道

周 江 黄新喻 主 编

电子工业出版社
Publishing House of Electronics Industry
北京·BEIJING

内容简介

本书基于实践系统地介绍了什么是创业、为什么要学习如何创业、先做到成功创业、培育创业的土壤、让事业持续成长、完整的创业规划等创业理论与创业技能，旨在拓展和提升青年创业者的思维和能力。本书在最后介绍了创业实操训练方案，为青年学子提供练习的内容与载体。

本书可作为广大院校创新创业课程的教材，也是广大青年创业者的有益读本。

未经许可，不得以任何方式复制或抄袭本书之部分或全部内容。
版权所有，侵权必究。

图书在版编目（CIP）数据

青年学子创业之道 / 周江，黄新喻主编. —北京：电子工业出版社，2021.5
ISBN 978-7-121-37666-5

Ⅰ.①青⋯ Ⅱ.①周⋯②黄⋯ Ⅲ.①大学生－创业 Ⅳ.①G647.38

中国版本图书馆CIP数据核字（2019）第246646号

责任编辑：朱怀永
印　　刷：天津画中画印刷有限公司
装　　订：天津画中画印刷有限公司
出版发行：电子工业出版社
　　　　　北京市海淀区万寿路173信箱　邮编 100036
开　　本：787×980　1/16　印张：10.75　字数：275千字
版　　次：2021年5月第1版
印　　次：2021年5月第1次印刷
定　　价：36.80元

凡所购买电子工业出版社图书有缺损问题，请向购买书店调换。若书店售缺，请与本社发行部联系，联系及邮购电话：（010）88254888，88258888。
质量投诉请发邮件至 zlts@phei.com.cn，盗版侵权举报请发邮件至 dbqq@phei.com.cn。
本书咨询联系方式：（010）88254608 或 zhy@phei.com.cn。

本书编委会

主　任：张开江

副主任：钟　林

主　编：周　江　黄新喻

参　编：黄子友　明小波　李逸平　杨　韬
　　　　苟兴才　吕　礼　黄丽玲　田　园
　　　　陈　明　文　燕　何　流

前　言

中国改革开放 40 多年来，青年创业者对社会发展的重要性从来没有像今天这样被重视。尽管很多人还没有创业的意识，也不具备创业者的综合素质，但总会有一代又一代精英创业者脱颖而出，领跑时代，引领变革。

本书所阐述的创业理论，一方面来源于对一些经典理论的解读和总结，另一方面是依据编者对自己和他人创业经历的研究，形成的新观点。为展现系统的创业理论和独特的创业培训内容，本书在概念阐述、思维引导、观点引申及实践训练等方面均有创新之处，做到了与时俱进。

本书前三章节主要是解答青年人普遍存在的三大疑问，即"什么是创业"、"为什么要学习如何创业"及"如何做到成功创业"。第四章至第六章分别介绍培育创业的土壤、让事业持续成长遵循规律及要求、完整的创业规划的内容及实施。本书重点阐述一套"道"与"术"有效融合的创新创业理论，以期能够更好地拓展和提升青年创业者的思维和能力。本书结合实操性强的培训系统，可以形成精益求精的创新创业人才成长体系。

本书的篇幅适中，理论主线清晰，比较适合青年朋友阅读，但通读一遍对创业理论的认识或许不够深刻，因此，本书也适合作为专题课程，分课时进行学习和研究，这样可以在掌握主线理论的基础上更深入地学习支线理论。本书介绍的理论与方法并不能解答青年人关于创业和人生的所有疑问，编者通过 8 年时间对创业这一门独立学问进行了大量研究和实践，整理出《青年学子创业之道》一书，仅希望本书能够给青年人带来启发和指导，以实现 20% 的人成功创业、80% 的人体面就业的愿景。

感谢成都电子商务职教集团、"城中校"实训基地的领导、老师在本书编写过程中提供的帮助和支持，黄丽玲老师对第二第三章的编写给予了指导与帮助，黄子友老师对第四章和第五章的编写和优化给予了指导与支持。还要感谢长期共同携手创业的伙伴的大力提供。

CONTENTS 目录

第一章　什么是创业

一、中国梦 / 2
二、双创 / 4
三、理想的召唤 / 7
四、财富观 / 9
五、一般人与企业家 / 16

第二章　为什么要学习如何创业

一、人格商数 / 23
二、思维的盲点 / 26
三、教育体系 / 30
四、青年人现状 / 35

第三章　先做到成功创业

一、影响创业者的主要因素 / 48
二、创业的核心思想和三大要素 / 54

第四章　培育创业的土壤

一、创业者平台 / 84
二、创业土壤 / 87

第五章　让事业持续成长

一、遵循五条规律 / 94

二、持续学习与进化 / 128

第六章　完整的创业规划

一、职业财富 / 138

二、家业财富 / 140

三、事业财富 / 146

四、规划与实施 / 150

附录　100天合格创业者训练方案

CIS- 理想的召唤沙龙　触动创业之心 / 156

EFC- 创业基础集训营开启创业之行 / 157

EPC- 创业商学院（工作坊）　实现创业之愿 / 159

参考文献 / 162

第一章
什么是创业

关键词：

中国梦　社会主要矛盾　战略规划　双创　业态　创新驱动
关键少数　自然人&法人　梦想&理想　三观　财富观
定律&法则　财富自由　身份象限　财富教育　三类人
三驾马车　服务意识　五大需求　一般人&企业家
打工&创业

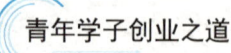

一、中国梦

（一）中国梦的含义

中国梦，是中国共产党第十八次全国代表大会召开以来，习近平总书记所提出的重要指导思想和重要执政理念，正式提出于 2012 年 11 月 29 日。习近平总书记把"中国梦"定义为**"实现中华民族伟大复兴，就是中华民族近代以来最伟大梦想"**，并且表示这个梦"一定能实现"。

中国梦的目标参照：一是"两个一百年"奋斗目标，即到中国共产党成立 100 年时全面建成小康社会，到新中国成立 100 年时建成富强、民主、文明、和谐的社会主义现代化国家；二是中华民族在历史上的兴盛状况。中华民族是有着几千年历史的伟大民族，自秦汉时期就进入盛世。

古代中国的盛世有两个重要标志。

1. 疆域版图特别辽阔

从汉武帝始，疆域版图就已经很辽阔了。唐朝盛世时的疆域面积达 1 000 多万平方千米。元世祖忽必烈开辟的元朝，其疆域面积快速增加。清康熙年间设立台湾府，清乾隆时期古代中国疆域面积最后定格为约 1 300 多万平方千米，包括台湾和南海诸岛。清朝中央政府对各地的管辖权和控制力达到了封建社会的最大值。

2. 对世界文明的贡献特别巨大

16 世纪以前，影响人类生活的重大科技发明约有 300 项，其中有 170 多项是中国人的发明。正是这些重大的发明（包括发现），使得中国的农耕、纺织、冶金、手工制造技术长期处于世界先进水平。直到 18 世纪末期，中国的经济规模仍然是世界上最大的，相当于 20 世纪末期美国经济总量在世界经济总量中所占的比重；当时全世界 50 万以上人口的大城市共有 10 个，中国就占了 6 个。

(二)中国梦的主要动力来源

第一,追求经济腾飞,生活改善,物质进步,环境提升;

第二,追求公平正义,民主法制,公民成长,文化繁荣,教育进步,科技创新;

第三,追求国家富强,民族尊严,主权完整,国家统一,世界和平。

可以看出,正是因为中国在多个方面还有提升和进步的空间,才有梦想的原动力。为了助力中国梦的实现,国家相继出台了一系列重大战略规划。

(三)发展倡议与发展战略

1.一带一路

"一带一路"(The Belt and Road,缩写B&R)是"丝绸之路经济带"和"21世纪海上丝绸之路"的简称。"一带一路"倡议旨在借用古代丝绸之路的历史符号,高举和平发展的旗帜,积极发展与沿线国家的经济合作伙伴关系,共同打造政治互信、经济融合、文化包容的利益共同体、命运共同体和责任共同体。

2.长江经济带

长江经济带覆盖上海、江苏、浙江、安徽、江西、湖北、湖南、重庆、四川、云南、贵州等11个省市,面积约205万平方千米,人口和生产总值均超过全国的40%。推动长江经济带发展是党中央作出的重大决策,是关系国家发展全局的重大战略。

3.京津冀协同发展

京津冀协同发展,核心是京津冀三地作为一个整体协同发展,要以疏解非首都功能、解决北京"大城市病"为基本出发点,调整优化城市布局和空间结构,构建现代化交通网络系统,扩大区域生态空间。

2017年的十九大报告指出,中国特色社会主义进入新时代,我国社会主要矛盾已经转化为**人民日益增长的美好生活需要和不平衡不充分的发展之间的矛盾**。正确认识和把握这个新的重大政治论断，对于深刻理解中国发展新的历史方位具有重要意义。

十九大之后，更多与经济发展相关的战略规划逐渐被人们了解和熟知，比如乡村振兴、健康中国、长三角一体化等。

二、双创

（一）青年的历史使命

"青年"一词的含义在不同的社会时期有所不同，而青年的定义随着政治经济和社会文化环境的变更一直在变化。不同国家和组织对青年的年龄范围设定也各有不同，但年龄段的起点差别不大，大多在14—16周岁。世界卫生组织、联合国教科文组织将青年的年龄上限分别设定为44周岁和45周岁，中国国家统计局、共青团、全国青年联合会设定的年龄上限都没有超过40岁。

中共中央、国务院2017年4月13日印发的《中长期青年发展规划（2016—2025年）》中所指的青年，年龄范围是14—35周岁。

以下内容是对青年人提出的客观素质要求和价值认可。

新时代青年必须坚定理想信念，把握正确的政治方向，牢固树立正确的人生观、价值观和世界观，切实增强道路自信、理论自信、制度自信和文化自信。

新时代青年必须敢于担当，勇担时代重任。时代将历史使命赋予了青年，时代把责任担当交给了青年，无论哪个社会、哪个年代，青年都是最具创新活力且富有责任担当的群体。

新时代青年必须加强学习，积极进取。科教兴国、人才振兴，是新时代强国富民的重要堡垒。求真学问、练真本领，是建设社会主义现代化强国对青年一代的基本要求。青年是学习知识的黄金时期，学习知识是青年的首要任务。

青年最富有朝气、最富有梦想，青年兴则国家兴，青年强则国家强。青年是国家和民族的希望，创新是社会进步的灵魂，创业是推动经济社会发展、改善民生的重要途径。青年富有想象力和创造力，是创新创业的有生力量。

新时代中国青年的使命，就是坚持中国共产党的领导，同人民一道，为实现"两个一百年"奋斗目标、实现中华民族伟大复兴的中国梦而奋斗。

（二）大众创业，万众创新

在2014年9月的夏季达沃斯论坛上，李克强总理提出，要在960万平方千米土地上掀起一个"**大众创业**""**草根创业**"的新浪潮，形成"**万众创新**""**人人创新**"的新势态。此后，他在首届世界互联网大会、国务院常务会议和各种场合中频频阐释这一理念。每到一地考察，他几乎都要与当地年轻的"创客"会面。他希望激发民族的创业精神和创新基因。

2015年，李克强总理在政府工作报告再次提出"大众创业，万众创新"的战略举措。

2018年9月18日，国务院下发《关于推动创新创业高质量发展打造"双创"升级版的意见》。

（三）创新创业的含义

创业是指创业者对自己拥有的资源或通过努力对能够拥有的资源进行优化整合，从而创造出更大经济或社会价值的过程。创业是一种劳动方式，是一种需要创业者通过运营、组织，并运用服务、技术、器物进行作业而产生的思考、推理、判断和具体实践的行为。

通俗地理解，创业就是创业者借助一切有价值的资源创造适合自己的财富业态的过程。

从《现代汉语词典》对"业"字的解释中可以发现，"业"字包含**事业、学业、**

职业等多种含义，这说明创业作为人生的重要组成部分会呈现多种状态或业态。因此，创业是不能与单纯的开公司、当老板直接画等号的。尽管如此，现在的主流意识仍然把开公司、当老板的人称为创业者。

创新是指以现有的思维模式提出有别于常规或常人思路的见解为导向，利用现有的知识和物质，在特定的环境中，本着理想化需要或为满足社会需求，而改进或创造原来不完善或不存在的事物、方法、元素、路径、环境，并能获得一定正面效果的行为。

通俗地理解，创新就是创造新的有价值的事物。

如果要对"创新创业"合并解释，可以有两种理解，一是创造出新的产品、服务、模式、商业逻辑及新的整体事业形态，甚至是创造新的社会需求，这样理解看重的是结果；二是指创造一个传统的大众化的业态，但在创业的过程中运用了新理念、借助了新资源，可以理解为创新创业，这种理解看重的是过程。

需要指出的是，当今社会确实有一些资源可以被称为新资源，比如过剩产能资源、闲置资源、金融资源、互联网资源、大数据资源、自媒与粉丝资源等。

（四）创新驱动

党的十八大明确提出，科技创新是提高社会生产力和综合国力的战略支撑，必须摆在国家发展全局的核心位置；强调要坚持走中国特色自主创新道路，实施创新驱动发展战略。

创新驱动是指利用知识、技术、企业组织制度和商业模式等创新要素对现有的资本、劳动力、物质资源等有形要素、进行新的组合，以创新的知识和技术改造物质资本，提高劳动者素质和科学管理。各种物质要素经过新知识与新发明的介入及组合提高创新能力，形成内生性增长。

如果说创业是普遍意识和行为的话，那么创新则是在大量创业主体中出现的独特的高价值意识和行为。我们知道，商业变革与社会进步往往是那些能实现创新的关键少数推动的，因此创新是更值得关注和重视的。关于创新意识的树立，有一个很简单的认知，就是**要么做第一，要么争取做唯一**。

通过对以上概念的梳理，我们清楚地认识到，创业总是关系着两类群体的命运，一是自然人，二是法人。自然人有其天然的人性特征和固有的人生需求，法人也有其多面的价值特性和客观的运行法则。

因此，完整的创业观应该要注重自然人和法人这两个既统一又独立的创业主体之间的相互作用，做到同步成长。

新时代呼唤新的创业者，这些新的创业者需要有更新的创业思维，本书中的新理论和学术观点是基于已经得到实践检验的优秀理论，并结合当下中国实际情况及对未来的思考总结形成的，相信对青年创业者的思维与能力提升会有很大的帮助。

三、理想的召唤

（一）梦想种子

每个人内心深处都有一颗创业的"种子"，有的人不知道或者假装不知道，有的人明明知道却不愿意去呵护它、关心它，于是这颗种子就会变成其一生的遗憾而归于尘土。在这个世界上还有另外的少数人，他们重视这颗种子，不断给予它营养和空间，让它生根发芽直至长成参天大树。这些人最终成了精英，成了榜样，他们牢牢掌握着自己的命运，还会影响别人的命运。

藏在每个人心里的这颗"种子"都有一个共同的名字，人们常常用两个字称呼它——梦想。

虽然人人都有梦想，但并不是有了梦想就真的可以大胆无畏地"创业"。梦想是抽象的，有很多梦想是不切实际，甚至是妄想或幻想，如果完全用这些不切实际的想法引导创业，成功的概率会很低。

中国少年与西方少年在一起的时候，老师问他们的梦想是什么？中国少年普遍回答：我要当科学家、警察、教师、医生等等，大多回答的是一个角色或者一个职业身份；而西方少年的回答很多都是：我要拥有一座大房子、一个农场、一辆跑车或是一艘游艇，他们回答的是可以量化的美好事物。这两类回答也经过了时间的验证，第一类普遍没实现，想当科学家的成了医生，想当警察的却成了商人；而第二类量化的目标却普遍实现了，那些可以被实现的事物仿佛注定伴随着人生的各个阶段。

这样的区别是怎么形成的呢？这可以归结为人们通常说的三观意识，即：

人生观——对自己的认识和评估；

世界观——对外部环境的认知和适用；

价值观——对客观事物的评判标准和行为准则。

社会学家认为，三观意识受环境和遗传因素影响。我们在青少年时期所处的生活环境和所接受的学术理论造成了我们对梦想的认知角度与西方不同。

创业者要善于梳理自己的梦想，找到梦想中相对理性、有实现可能性的部分，这类想法被称为理想，理想甚至可以被量化。

（二）理想结果

理想是人生的奋斗目标，是人们对未来的一种有可能实现的想象。虽然理想是一种对未来的想象，但是，并不是任何想象都是理想。

理想既不同于幻想，也不同于空想和妄想。它是一种正确的想象，具有不同于幻想、空想和妄想的突出特点。

第一，**理想具有客观必然性**。理想的客观必然性就是理想能正确地反映客观实际，正确地反映现实与未来的关系，合乎事物发展和变化的规律，经过努力是可以实现的。

第二，**理想具有社会性**。理想是人类特有的一种精神现象，理想具有鲜明的社会性。理想的社会性是指理想不是离开社会的孤立的个人随意想象,而是由社会制约和决定的想象。

第三,**理想具有阶级性**。在阶级社会中,由于不同阶级的社会地位和经济利益各不相同,人生追求的理想也各不相同。人们的阶级地位和阶级利益决定他们的理想在阶级社会中必然具有阶级的烙印,各阶级统一的理想是不存在的。因此,在阶级社会,理想具有鲜明的阶级性。

青年创业者要清楚地认识到,理想才是人生观、世界观和价值观的正确集中体现,一个个量化的理想就是创业者可靠的目标落脚点。

关于理想的励志名言:

理想是指路明灯。没有理想,就没有坚定的方向;没有方向,就没有生活。——[俄]列夫·托尔斯泰

人需要理想,但是需要人的符合自然的理想,而不是超自然的理想。——[苏联]列宁

每个人都有一定的理想,这种理想决定着他的努力和判断的方向。在这个意义上,我从来不把安逸和快乐看作是生活目的本身,这种伦理基础,我叫它猪栏式的理想。照亮我的道路,并且不断地给我新的勇气去愉快地正视生活的理想,是善、美和真。——[美]阿尔伯特·爱因斯坦

一个人的价值,应当看他贡献什么,而不应当看他取得什么。——[美]阿尔伯特·爱因斯坦

四、财富观

鼓励创新创业,就应该要普及财富观。财富观是指人们对财富价值的理解与认识,财富观是价值观的重要组成部分。从字面理解,很多人会把财富与金钱画等号,但在人类文明初期,财富最主要的形态是实物,**当货币关系成为重要的社会关**

系之后，财富货币化才开始流行。

尽管财富观通常被认为只是价值观的重要组成部分，但也应该把财富观看作是人生观和世界观的组成部分。把财富观融入传统的三观，可以帮助青年创业者更好地修炼自己，提升对财富的认知能力和创造能力。

对比图 1-1 和图 1-2 可以看出，同样的人生起点会形成不一样的人生轨迹，这在很大程度上取决于一个人对财富观的认知。

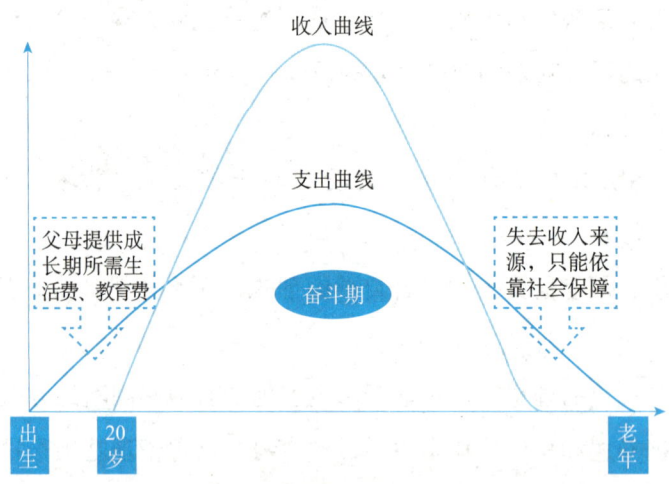

图 1-1　消费人的人生轨迹

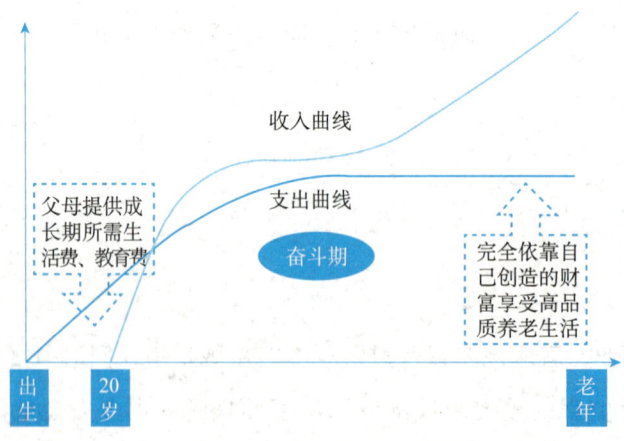

图 1-2　投资人的人生轨迹

（一）两个重要的财富观理论

1. 马克思主义财富观

在马克思主义财富理论中，把劳动看作财富的主要来源，把劳动主体看作财富的本质。财富背后体现的是人与人的关系，创造财富的根本目的是实现人的全面发展。马克思提出了人类社会发展的三大社会形态。

① "人的依赖关系"阶段。人的依赖关系（起初完全是自然发生的）是最初的社会形态，在这种社会形态下，人的生产能力只是在狭窄的范围内和孤立的地点上发展着的。这个社会阶段也被称为前资本时代。

② "以物的依赖性为基础的人的独立性"阶段。在这种社会形态下，才形成普遍的物质交换、全面的关系、多方面的需求及全面的能力体系。这个社会阶段也被称为资本时代。

③ "建立在个人全面发展和人们共同的社会生产能力成为大家认同的社会财富这一基础上的自由个性"阶段。第二个阶段为第三个阶段创造条件。这个社会阶段也被称为后资本时代，指消灭了私有制以后财富共享占主导地位的社会形态。虽然现在许多人不相信这样的社会能够实现，认为它是"乌托邦主义"空想，但在正统马克思主义队伍中，对这种说法是不存在疑义的。

马克思所说的这三大社会发展形态，第一阶段形态古已有之，第二阶段是当下主要状况，第三阶段虽然是未来的一种可能，但在当今时代也有一定的呈现，比如一些商业空间的免费 WIFI、免费茶饮及居住社区的公共服务等。其实，每个阶段形态都是前一阶段客观矛盾自我运动和自我优化的结果，同时又为后一阶段的到来积蓄条件。

与三大社会形态相适应的财富形态，分别是使用价值、交换价值和个人发达的生产力。这样的论述完整地包含了有形财富和无形财富，提醒人们在获取物质财富的同时，也应同步注重能力提升和精神境界的提高。

上述三大社会形态，就其主要特征，可以简略地表述为权力社会、资本社会和自由社会，即行政权力支配的社会、资本支配的社会和"自由人联合体"的社会。

2. 富勒博士财富观

西方学者富勒博士的财富理论是用定律的形式总结出来的，更容易被理解和传播。

定律一：你服务的人越多，你的效能就会越大。也就是说，一个人的价值，在于你服务的人数。

定律二：法则本身是透过决定来呈现的。换言之，如果法则不转化成行动力，是无法让他人感受到的。

定律三：一体为复数，且至少为二。世间万物，都有它的两面性。当我们无法理解一件事情的时候，不是它不好或没有价值，只是因为你没有从更多角度去认识它。所以，任何事情的发生所直接呈现的不一定是其全貌，也许背后有另外一件事情。

富勒博士财富观与马克思主义财富观有共通之处，他强调的服务意识正是人的全面发展的基本素质。他提示人们通过实践去验证定律，这也符合邓小平理论中关于真理标准的阐述，即"实践是检验真理的唯一标准"。他提出的事物多面性也是在指导人们注重人格与智慧的修炼，属于精神财富范畴。

所谓服务意识，是指每个人在与一切利益相关的人或企业的交往中所体现的为其提供热情、周到、主动服务的欲望和意识，即自觉主动做好服务工作的一种观念和愿望。

服务意识的内涵有三点：它是发自服务人员内心的；它是服务人员的一种本能和习惯；它是可以通过教育引导和体验训练形成的。

（二）财富自由的涵义

通过马克思与富勒的财富观理论，我们可以将人的全面发展的目标总结为两个关键词，财富和自由（以下称为财富自由）。通俗地说，就是既拥有财富同时又很自由。

简单来说，财富自由就是有足够多自由支配的时间和金钱去做自己想做的有意义的事情。

在"基本"的生活需求得到"持续"保障的前提下，有足够的资本可以"自由"地投入"该做的""有意义的"事情中。健康和智慧如果只是前提，那么狭义的金钱就应该被提到一个更高的层面，因为金钱是伴随人一生的最具有价值交换作用的财富。

财富自由通常被视为人生奋斗的终极目标，其包含三个层面。

财务自由：即所有支出可以用非劳动性收入来覆盖，非劳动性收入也称为被动收入，这类收入主要以资产性收入为主，如房租、分红、股息、利息等。

时间自由：可以完全根据自己的需要进行时间管理，形象地描述就是既能睡觉睡到自然醒，也可以随时来一场说走就走的旅行。当然这里边隐含着一个容易被人们忽视的财富，就是健康。

心灵自由：这是一种精神境界，简单地理解就是没有心理负担。现实中，很多企业家往往通过做慈善或寻求某种信仰的方式来追求心灵自由。对创业者来讲，这样做可以使财富既取之有道又用得其所，何尝不是一种心灵自由的方式呢？

需要指出的是，某些观点认为要想真正实现财富自由就要从事资本运作而非创业，有些人甚至认为唯有资本运作才能实现财富自由，这样的观点实在有些偏激。事实上，人的本质是一切社会关系的总和，这意味着，几乎每个人都与社会上其他人密切相关，因此每个人都不可能获得绝对的、毫无约束的自由。

时间的支配模式决定着收入模式，仅从时间自由这一角度，我们可以看到不同人所处的四个身份象限（见图1-3）。

雇员（Employee）：被他人雇佣，时间受他人支配，为他人创造经济利益和价值并获得雇佣报酬。

个体经营者（Self-employed）：也叫自由职业者，这类人的时间相对自由。

企业主（Business Qwner）：这类人大多是企业家或创业者，他们通过购买他人的时间和生产力获益，让自己获得更自由的人生。

投资家（Investor）：依靠钱生钱，不需要全职雇佣任何人，自己也无须经营和从事体力劳动，仅依靠自己掌握的金融性投资工具便可赚取收益。

图1-3 收入模式的身份象限

现实中，就算是投资家，也实现不了绝对的时间自由，他一定背负着某一份需要耗费时间去承担的无法回避的责任。

关于身份象限，美国作家罗伯特·清崎在其著作《富爸爸穷爸爸》中有更多层面的解读。

（三）财富观教育

财富观教育也叫财富教育，美国哈佛大学曾一度把财富观意识的培养作为专门的教育课题来研究，进而形成了哈佛财富观，学界也称之为"哈佛家训"。一些学术研究者认为，**哈佛大学之所以能培育众多优秀的社会精英，关于财富观的课程起到了重要作用。**

受不同财富观影响，人们树立的理想和人生目标会产生差异，其思维和能力进化的程度各有不同。有的人只停留在消费意识层面，从事的劳动就是"赚取"他人的消费性支出，自己的财务支出也几乎全是消费性支出。由图1-1可以看出，这类人的人生轨迹呈现"抛物线"状，我们将这类人称为消费人。

另外有一些人会在高品质消费的基础上追求更加自由和富足的人生状态，于是学习研究适合自己的投资工具和投资方法，既确保资产增值，又顺便"赚取"被动收入，我们将这类人称为投资人。

在这些投资人中，有一些人的思维更加灵活，他们专门创造具有金融属性的投资工具提供给投资人和消费人，"赚取"这些人投资收益中的剩余价值，甚至直接将投资人和消费人的财富掌管在手中，我们将这类人称为金融人。

前面提到的四个收入模式的身份象限中，都存在消费人、投资人和金融人。这三类人反映出人的财富思维存在不同的层级。在通常情况下，投资人和金融人不是天生就具有财富思维能力，需要从前一个层级进化而来，因此青年朋友们首先应该让自己成为聪明的消费人，然后再进化为投资人和金融人。

通过一些简单的习惯养成可以让自己的消费变得聪明，比如在进行重要消费时，做好以下几点：

* 再次确认这笔消费的重要性，至少用三个理由说服自己。
* 我在与消费供给者A接触时，确认是否有消费供给者B、C可选。
* 我在与消费供给者A、B、C沟通的过程中获得的信息是否真实客观。
* 我是基于客观的价值判断还是主观的心情和感受决定最终的成交。

关于正确的消费观，可以用8个字概括：**当用不省，当省不用。**

在经济活动中，财富不停地被创造和分配，消费人、投资人和金融人这三类人在经济活动中扮演不同的角色，发挥不同的作用。 创业者需要通过持续的修炼使自己具有这三类人的优质属性，即消费人的聪明、投资人的智慧和金融人的格局。

青年人应该尽早成为聪明的消费者。为什么聪明地消费很重要呢？因为形成正确的消费观不仅对消费者意义重大，对消费供给者意义重大，而且对整个社会的发展也意义重大。毕竟，没有规则和道德底线的经济活动会给社会生态带来破坏。如果大量青年消费者，过度且盲目地消费，将产生大量"月光族""啃老族"甚至"卡奴"，这会导致整个社会失去消费活力，很难恢复。同样的道理，消费供给者如果过度消耗资源或盲目挖掘消费潜力，不仅会让商业生态遭到破坏，还会对关联行业造成不良影响。

长期以来，拉动经济有"三驾马车"：消费、投资、出口。而出口所创造的财富主要是通过金融系统流入市场经济中的。因此，研究消费、投资和金融这三种商业行为的运行逻辑，有助于培养商业认知和财富观。

依据财富观角度进行创业思维的修炼，创业者要重点理解：服务更多的人，持续服务更多的人，感召更多的人一起服务更多的人。

综合上文阐述的理论与观点，创业者应具备以下基本的财富意识：

（1）我们处在三大社会形态并存的环境中，因此，我们每个人都有创业发展的空间。

（2）财富包含有形财富与无形财富两类，它们是可以相互作用甚至相互转化的。

（3）服务意识和服务能力在很大程度上决定创业者能否全面发展。

（4）万物皆有规律可寻，定律也好，真理也罢，学会了就应该去实践，这样就会受到定律和真理的影响，顺其自然地收获财富。

（5）事物具有两面性或多面性，需要人们不断提升认知能力和理解能力去探索研究。

五、一般人与企业家

很多人喜欢在比较中找到进步空间，这就是所谓的"照镜子"。作为创业者，选择与优秀企业家做比较，可以获得很好的激励。

（一）马斯洛需求层次理论

怎样的比较才是相对客观并具有指导意义的呢？这就需要研究人与人的共性需求是什么，学者亚伯拉罕·马斯洛在他的著作《人类激励理论》中提出的人的五大需求层次理论揭示了人的共性需求，分别是生理（生存）需求、安全需求、情感归属（社交）需求、尊重需求和自我价值实现需求。

第一层次：生理（生存）需求

生理（生存）需求的内涵见表1-1。马斯洛认为，如果生理（生存）需求（除性以外）中的任何一项得不到满足，个人的生理机能就无法正常运转。只有这些最基本的需求满足到维持生存所必需的程度后，其他的需求才能成为新的激励因素，而到了此时，这些已相对满足的需求也就不再成为激励因素了。

表1-1 生理（生存）需求的内涵

呼吸	水	食物	睡眠	生理平衡	分泌	性

第二层次：安全需求

安全需求的内涵见表1-2。马斯洛认为，整个有机体有一套追求安全的机制，人的感受器官、效应器官、智能和其他能量是寻求安全的工具，甚至可以把科学和人生观都看成是满足安全需求的一部分。当然，一旦这种需求获得满足后，也就不再成为激励因素了。

表1-2 安全需求的内涵

人身安全	健康保障	资源所有性	财产所有性	道德保障	工作职位保障	家庭安全

第三层次：情感归属（社交）需求

情感归属（社交）需求的内涵见表1-3。人人都希望得到他人的关心和照顾。感情上的需求比生理上的需求更细致，它和一个人的生理特性、经历、教育、宗教信仰都有关系。情感归属（社交）需求涵盖工作与生活的方方面面，一个人情感表现如何，与其家庭环境、学习环境和工作环境有很大的关系，归属感则来自于人与人之间的相互情感的交融，因此良好的社会交往能很好地解决情感归属的需求。

表 1-3　情感归属（社交）需求的内涵

友情	爱情	亲情

第四层次：尊重需求

尊重需求的内涵见表 1-4。每个人都希望自己有合适的社会地位，希望个人的能力和成就得到社会的承认。尊重需求可分为内部尊重和外部尊重。内部尊重是指一个人希望在各种不同情境中都能表现得有实力、能胜任、充满信心、能独立自主，得到自己的欣赏和认可。外部尊重是指一个人希望有地位、有威信，受到别人的尊重、信赖和高度评价。尊重需求得到满足，能使人对自己充满信心，对社会充满热情，体验到自己活着的用处与价值。

表 1-4　尊重需求的内涵

自我尊重	信心	成就	对他人尊重	被他人尊重

第五层次：自我价值实现需求

自我价值实现需求的内涵见表 1-5。自我价值实现需求是最高层次的需求，是指能够实现个人的理想与抱负、发挥个人的能力到最大程度、实现自我境界的需求。满足了自我价值实现需求的人，既接受自己也接受他人，解决问题能力增强，自觉性提高，善于独立处事，能完成与自己的能力相称的一切事情。简单来说，就是人必须干称职的工作，这样才会使人感到快乐。马斯洛还提出，为满足自我价值实现需求所采取的途径是因人而异的。**自我价值实现需求是在努力发掘并施展自己的潜力，使自己越来越成为自己所期望的人物。**

表 1-5　自我价值实现需求的内涵

道德	创造力	自觉性	问题解决能力	公正度	接受现实能力

（二）一般人与企业家的需求比较

在工作和生活中，一般人和企业家都有五个需求，简单描述为生存、安全、社交、尊重和自我价值（分别见表1-6和1-7）。每个人的这5个需求都需要得到部分或者全部解决和满足，但不同的人对需求目标的认知和解决方式各有不同，形成需求解决方面的差异。

表1-6　一般人的需求

	一般人
生存	个人技能
安全	竞争掠夺
社交	休闲娱乐
尊重	团队认同
自我价值	付出兑现

表1-7　企业家的需求

	企业家	
生存	个人技能	团队力量
安全	竞争掠夺	合作分享
社交	休闲娱乐	整合资源
尊重	团队认同	社会认同
自我价值	付出兑现	实现理想

由表1-6和表1-7可以看出，优秀企业家在解决其需求时，思维角度更宽，方式也比一般人多。其实，并非先成为了企业家才会形成相对完善的思维意识和行为方式，而是人们在日常工作和生活中不断改善自己的思维和行为习惯来服务于自己的需求，日积月累，才会逐渐成长为企业家。

这样比较之后，很多青年人会产生一种误解，认为打工和创业是对立的，两者不可兼得。殊不知，这种理解恰好反映其没有把基本的概念搞明白。我们通常说的打工，其涵义为保持一种工作状态，而创业则是一个宽泛的目标任务。相比创业而言，打工或者说保持某种工作状态仅仅是创业的一种方法而已。

这个世界上，几乎每个人都处在某种工作状态中，企业家也不例外，所不同的是，一般人工作的目的是为了获得工资报酬，而企业家工作的目的是为了实现他的规划和理想。一般人为钱打工，企业家为规划和理想打工。

由于目的层级不同，对企业家而言，创业是比打工更高一个层面的概念，打工是方法层面，创业是目标层面。在方法和目标之上还有什么呢？就是前文已经阐述的我们每个人都在努力追求的目标之一——财富自由。

在一般情况下，仅仅从方法层面去直接实现终极目的是很难做到的，最好的思路是：方法→目标→目的。这也是为什么纯粹的"术"的教育解决不了人的根本问题的原因，因为"术"的教育只会让青年人的思维格局停留在方法层面。

如果把创业人生比作一次旅行，那么人生旅途的起点很清晰，就是每个人的当下，但目的地还很遥远，一般人甚至连目的地的方向都辨别不清，因此这是一场需要不断探寻的旅程。这个过程所呈现的是一段又一段的曲折路径，也会呈现一个又一个的目标节点，这些目标节点就体现在职业、家庭和事业的财富上。

在商业教育界有如下一项研究论断。

99%的人实现梦想的顺序是：学习（study）→做（do）→拥有（have）→成为（become）

而1%的人遵循这样的顺序：训练（train）→成为（become）→做（do）→拥有（have）

结果1%的人实现了梦想，而99%的人一直在前面3个阶段徘徊。

为了帮助青年人更好地修炼并争取达到企业家那样的思维格局，推荐青年朋友们观看中央电视台播出过的纪录片《公司的力量》。

综上所述，我们可以对"什么是创业"进行这样的理解：创业就是创业者借助一切有价值的资源创造适合自己的财富业态的过程，这其中包含职业、家业、事业；创业就是要不断地学习和训练，让自己进化成为投资人或金融人；创业就是要完整有效地解决人生的五大需求。

第二章
为什么要学习如何创业

关键词：

IQ　EQ　AQ　FQ　弱点＆缺点　思维盲点　三大教育体系
现状认知　理想工作　创业帮扶　合格创业者　人生目标
社会责任　经济规律　通货膨胀　经济周期　并存经济

在本节的开始，先分享一个案例——Mike 的故事。

2008 年，美国金融危机暴发，Mike 决定来中国发展，他把全部资产处理所得的 100 万美元兑换成 800 万元人民币（当时美元与人民币汇率约为 1∶8）。

Mike 先用 400 万元购买了上海的一套优质房产，剩下的 400 万元在中国游山玩水。2011 年，Mike 打算回到美国，他变卖了房产，房产由 400 万元增值到 780 万元，因此 Mike 的 780 万元人民币兑换成了 120 万美元（当时美元与人民币汇率约为 1∶6.5）。

Mike 来中国玩了 3 年还赚到了 20 万美元，这是一个曾经被广泛传播的投资故事，看似并不真实，但依然值得研究和解读。

对许多人而言，这样的故事看似很合理，他们甚至认为这样的致富方式是可以效仿的。听过这段故事的一些人也认为致富得靠投机取巧。

这个故事就这样结束了吗？接下来故事会是怎样的呢？

Mike 回到美国之后，他不再天天游山玩水了。为了财富能够保值增值，他把其中 100 万美元交给优秀的基金公司管理，剩下的 20 万美元则用于创业。

Mike 经常参加创业交流活动，并在 2012 年找到了机会。

他发现一个面临倒闭却仍有潜力的旅游公司，通过股权交易，用 20 万美元控股了这个公司。尽管 20 万美元几乎可以 100% 收购，但 Mike 只持有 60% 股份，他将剩余 40% 的股份分配给公司的核心团队成员，没有让一个人失业。Mike 认为坚持下来的都是精英。

接下来，Mike 做了两件重要的事情。首先，他把 3 年的旅游经历和旅游资源整理成一本《中国旅游指南》，并在线上线下同时销售；然后，他规划了 10 条经典旅游线路，专门为到中国旅游的美国人提供服务。

在 Mike 及公司成员的共同努力下，这个快要倒闭的公司仅用了一年时间就重获新生。在某资产交易平台上，该公司的估值已达千万美元。

这就是完整的 Mike 创业故事。

接下来有几个问题需要创业者思考：

（1）案例中，Mike 是从什么时候开始创业的？
（2）你更关注 Mike 做的哪件事情？
（3）中国青年人能不能像 Mike 那样创业？
（4）如果要像 Mike 那样创业，需要具备哪些素质？

一、人格商数

人格是指一个人在社会环境的适应过程中，形成的对人、对事、对己等方面的内部倾向性和心理特征，是个体融入社会过程中逐渐形成的独特的身心组织，是在能力、气质、性格、动机、兴趣、价值观及体魄等方面的混合表现。经过对这些混合表现的系统研究，总结形成各种评估理论，这就是所谓的人格商数。

创业者需要具备的四大人格商数分别是智商、情商、逆商和财商。

（一）智商

智商即智力商数，简称 IQ（Intelligence Quotient），它能反映人们认识客观事物并运用知识解决实际问题的能力。智力表现在多个方面，如观察力、记忆力、想象力、创造力、分析判断能力、思维能力、应变能力、推理能力等。目前，学术界普遍认为智力由三种能力——**短期记忆力、推理能力和语言能力组成。**

（二）情商

情商即情绪商数，简称 EQ（Emotional Quotient），主要是指人在情绪、意志、耐受挫折等方面的品质。总体来讲，人与人之间的情商并无明显的先天差别，更多与后天的培养息息相关。提高情商是把不能控制的情绪部分变为可以自控，从而增强理解他人及与他人相处的能力。一些学者认为情商高的主要表现就是善于掌握谈

话的技术，很会和人交流。

（三）逆商

逆商即逆境商数，简称 AQ（Adversity Quotient），有时也被称为挫折商或逆境商。它能影响或决定人们面对逆境时的反应能力，即面对挫折、摆脱困境和超越困难的能力，这种能力往往需要真实的经历才能较好地练就。面对**同样的打击，AQ 高的人产生的挫折感低，而 AQ 低的人就会产生强烈的挫折感。**

心理学家认为，一个人事业的成功必须具备高智商、高情商和高逆商。在智商和情商都相差不大的情况下，逆商对一个人的事业成功起着决定性的作用。

高逆商可以帮助人们提高成绩、生产力、创造力并保持健康、愉快的心情。有研究显示，逆商高的人销售业绩高，升迁速度快，甚至手术后的康复速度也更快。

高逆商是可以培养的，而且最好是从小培养，所以许多教育机构都在提倡挫折教育。

研究表明，逆商包含四个评价因素：**控制感（Control）、起因和责任的归属认知（Origin&Ownership）、影响范围（Reach）和忍耐性（Endurance），简称为 CORE。**控制感是指自己对逆境有多大的控制能力；归属认知主要是通过对逆境发生的内因和外因的判断，形成对应的承担责任、改善后果的情况；影响范围是指对问题影响工作、生活及其他方面的评估；忍耐性是对问题持久性的认知及观察它对个人的影响会持续多久。

纵观我国当代青年的实际特点，一方面，从入学时起，他们就承受着较大的思想压力，诸如学业上的压力、未来就业的不确定感、环境的不适应性等；另一方面，大学生正值青春年少，缺乏人生经验，抗挫折能力与调控能力较差，面对困境与重压，容易沉陷在消极的泥潭而不能自拔。例如：一些大学生不能承受学习成绩下降、失恋等带来的身心压力，呈现焦虑、失眠、抑郁、恐惧等症状；个别大学生精神崩溃、身心失衡，不仅影响其智力水平，而且还会使其潜能的挖掘、综合能力的培养、人格的完备受到抑制。因此，高校积极开展大学生逆商培养教育活动，促使其在逆境面前形成良好的思维方式、行为反应方式十分必要。

（四）财商

财商的本意是"金融智商"，简称 FQ（Financial Quotient）。财商是指个人或集体认识、创造和管理财富的能力，涵盖观念、知识、行为三个方面。财商包括两种能力：一是认识财富和研究财富倍增规律的能力，这与价值观密不可分；二是创造条件将无形价值转化为有形财富的能力。财商与智商、情商一起被认为是现代社会三大不可或缺的人格商数。财商很难通过课堂教育获得，财商是通过对精神世界与商业悟性的养育、熏陶和实操历练出来的。对财商观念的培育，核心是树立正确的金钱观和价值观，并在此基础上逐步学习运用金融工具，让资本从无到有，再运用投资工具让资本和财富由少到多。

财商是实现人生成功的关键因素之一，在人的一生中，财商、智商、情商形成的最佳时间段是青少年阶段。

面对"双创"热情高涨的当今社会，财商观念的培养刻不容缓。虽然有一些社会机构针对青少年开展财商教育，但目前还属于高端教育消费，普及率很低。

中国的青少年长期处在应试教育环境中，在情商和逆商方面可能会有弱点，这些弱点通过社会体验和社群交流是可以得到有效改善的。

财商方面的不足不是弱点，而是缺点，这样的缺点是由于传统观念束缚造成的。中国的青少年普遍没有财商意识，有些孩子甚至在进入高中或者必须要开始住校生活了，家长才让其接触货币并自主管理财务；还有更多的家庭，要求自己的孩子在大学期间依然只专心读书，取得毕业证，不允许孩子体验和实践任何商业行为，这些都是没有财商意识的表现。

很多创业导师认为，智商（IQ）、情商（EQ）、逆商（AQ）、财商（FQ）是合格创业者应具备的四大基本人格商数。

比较立体化的理解：智商决定事业的长度，情商决定事业的宽度，逆商决定事业的高度，财商则可以降低创业的难度。

二、思维的盲点

很多创业者存在人格商数方面的弱点和缺点，但可以通过培训和锻炼来主动弥补，也可以在实际的工作生活中不断克服和改正。但是，创业者在人格商数和思维能力方面除了弱点与缺点，还有一个重要的关注点，就是还没有被很多人意识到的盲点。这里所说的盲点，可以泛指所有我们没有触及到的认知层面，对很多青年人来说，盲点就是没有感知到的或潜意识回避的事物。

很多驾驶员都知道，驾驶车辆时车内盲区主要是视觉盲区及一些人为盲区。按盲区所在位置可分为前盲区、后盲区和后视镜盲区，如图2-1所示。

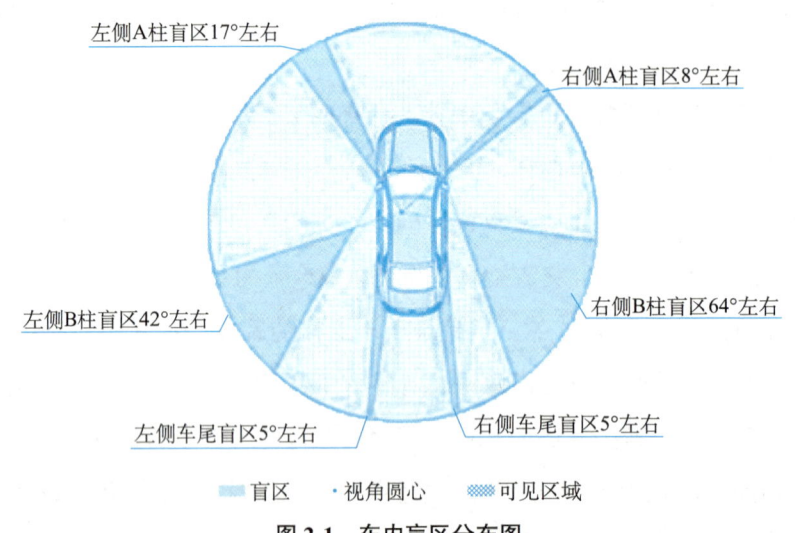

图2-1 车内盲区分布图

汽车的车内盲区与人生做类比，前盲区就好比对未来很迷茫，后盲区就好比对过去的事情无法追根溯源，而后视镜盲区则可以视为认知的盲点，或者说认知上的障碍。

人的思维也有盲点，形成思维盲点的主要原因是存在认知上的障碍。认知上的障碍可以理解为一个人在日常的工作和生活中无法合理运用"五官"的功能，这里的"五官"是指耳、目、口、鼻、身。由于每个人的性格不同，有的人只听不说，有的人光说不做，还有的人听得多看得少或是学习多实操少，这些都会造成认知上的障碍。就算是少数精英创业者，他们看似已经练就了较高的人格商数，但依然存在认知上的障碍。

要想成为一名优秀的创业者，不但要有健康的体魄，还应该练就良好的倾听能力、敏锐的观察能力、清晰的表达能力、细致入微的感知能力。

（一）自我认知

一个人的自我认知可以分为三部分：自我观察、自我感知、自我评估。自我观察主要是指在工作和生活中观察自己的言行举止等表现；自我感知主要是指回溯自己的表现并体会从中获得的感受，这种感受可以是积极正面的，也可以是消极负面的；自我评估主要是指评估自己在言行举止和情绪心态管控方面的优劣并做出反馈，做得好的保持，做得不好的加以改正，在评估时还要兼顾这些表现可能会对其他事物造成的影响。

自我认知的障碍会通过性格特征表现出来，主要有以下几种性格特点。

1. 自傲

自傲是因为过高估计自己而形成的。自傲者以自我为中心，表现出很强的优越感，处处表现自己，对自身的长处无限夸大、喜欢炫耀；对他人则是指责和怪罪，挑三拣四，盛气凌人。在自傲者的自我认知里，自己全是优点没有缺点，别人全是缺点没优点。自傲的人情商一般都不高，容易与人产生争执和摩擦。例如：一名男生，从小学到大学学习成绩一直很好，家庭条件也较好，所以很自大、自傲，但在追求一女生时却被拒绝。这使他受到沉重的打击，终日深思不得其解，造成精神分裂并做出极端事情。

2. 虚荣

虚荣是指追求表面光彩的一种心理状态。具有这种性格特征的人把荣誉或引起人们的羡慕、赞赏，作为生活中的一种追求目标，因而常常不择手段地去猎取荣誉。虚荣者很在意别人对自己的评价，又嫉妒任何比自己优秀的人，把别人取得的荣誉视为对自己的挑战。因此，虚荣者总是使自身处于较强的自我约束和更强的情感波动之间的矛盾之中，一旦目标、愿望不能实现，就会背上沉重的包袱，被压得喘不过气来，造成精神过度紧张。例如：一名女青年平时工作业绩很好，自我感觉比其他同事都优秀，可过分地争先拔尖，造成与同事关系紧张，每次评选优秀员工时都落选，受到精神刺激，逐渐出现异常行为。

3. 自卑

自卑是由过多的自我否定而产生的自惭形秽的心理状态。有自卑感的人轻视自己，过分看重自身短处，否定自己的长处或对长处没有足够的认识，因而常表现出胆怯、畏惧、怀疑，担心被人嫌弃和拒绝，行为中采取逃避方式。形成这种软弱心理的原因有很多，如生理缺陷、成绩不好、能力差、失恋、生活贫困等。但是引起自卑的直接原因是受到别人的嘲笑、讥讽、打击。例如：一名女生因个子矮小，被同学取笑为"根号2"（根号2约等于1.414），从而产生严重的自卑心理。只要别人小声说话，她就认为是在议论她。长时期的心理压力，使她丧失了对生活的自信心，萌生了出家的想法。后经老师、同学的劝导，虽没有出家，但又想轻生。可见自卑心理会对人的意识和行为造成严重影响，在青少年时期就重视逆商的培育，可以帮助青少年在正式步入社会前有效消除自卑心理。

（二）盲点意识

如果一个人长期存在自我认知障碍，不但在完满人格养成过程中会留下诸多盲点，还会误认为有些性格表现是正常孕育出的个性，加以推崇。人性的盲点容易造成两种极端情况——完全未知与自认为什么都知道。这两种情况会凸显人性两个固有的特征：恐惧和贪婪。越未知越恐惧；越认为什么都知道就越容易对自然法则和社会法则失去敬畏之心，进而变得越贪婪。

	一般人	企业家
想法	恐惧风险	接受风险
做法	被动上班	创业发展
身份	沦为工具	成为资源

图 2-2　一般人与企业家盲点意识对比

人性的盲点往往会让青年人错失一次又一次改变命运的机会。由图 2-2 可以看出，一般人因为对风险持有恐惧的心态，所以当他们接触新事物、了解新机会的时候会产生一种排斥感。尽管这是正常的自我保护意识，但就是这样的排斥心理，会让一般人片面接受新事物和新机会的相关信息，从而产生了认知方面的障碍。

广大青年学子几乎都属于一般人，因为恐惧风险，他们正式踏入社会时努力寻找安全的环境。哪里安全呢？成熟的大公司很安全，那里有稳定的业务机会和酬劳，有劳动法的保障，就算有风险，也由公司和老板承担。然而总有一些人，他们选择接受风险。他们或许明白，风险是伴随人一生的对手，既然无法逃避，不如让它当陪练，使自己快速成长。于是这些人不断了解新事物，寻找新机会，在识别风险和有效应对风险的前提下，开启了一项又一项事业。

上述这两类人截然不同的想法，影响着他们的做法，最终决定了他们的身份。

一般人也是有梦想的，当在工作一段时间后发现自己的现状与梦想的距离越来越远时，他们会表现出困惑、焦虑甚至逆反。管理者必须采用严格的管理制度，才能压制他们的"不安分"。此刻，这些人就成了被动上班的群体。如果这些人能为公司带来效益、创造剩余价值，尽管他们被动而消极，也不会被公司舍弃，只是他们已沦为了工具。与之相对应的另一些人在开启事业后，不断地拓展自己的活动空间和认知领域，主动积极地创业发展，努力扩大事业版图，不仅积累了财富，更让自己的事业成为很多人赖以生存的资源。

一般人的想法和做法如果能真正的改变，再经过时间的积累，不仅其身份会得到改变，而且其拥有的资源和财富也会比其他人更丰富。

恐惧和贪婪是贬义词，但看似负面的两个词语，也可以有中性和正面的理解。恐惧和贪婪还是形容词，如果在形容词的前面加上恰当的修饰词，恐惧和贪婪的贬义程度是可以被有幅度地调整的。**适度恐惧但勇于尝试，适度贪婪但敬畏法则，才是大多数人应该具有的思维意识。**事实上，这个世界上有极少数精英就是在恐惧和贪婪之间找到平衡，所以才能在纷繁复杂的商业世界立于不败之地。

投资大师巴菲特的投资理念中有这样的观点：市场是仆人而非向导，要做市场的主人，就要做到自己心里有数。要在别人贪婪时恐惧，在别人恐惧时贪婪。当然，这是需要长时间历炼才能形成的。

很多优秀的创业者认为，适度贪婪有助于激励行动并获得较好的结果，而适度恐惧也能提醒自己需要对未知的领域进行学习和研究，从而使自己获得人格的成长。

三、教育体系

曾子在《大学》中写道："大学之道，在明明德，在亲民，在止于至善"。"明明德"即培养学生健全的人格；"亲民"就是师生为社会、为国家贡献自己的力量。大教育家孔子认为，应当从"知""情""义"这三方面来培养一个具有健全人格的人。尤其在当今，我们不能忽视"情""义"，也就是人格的培养。人的一生就是在以培养人格为原则的基础上不断修炼自身、完善自身，而教育是人们完善自身的手段。

联合国教科文组织定义了三类教育体系，即学术教育、职业教育和创业教育。创业教育被认为是教育的"第三本护照"，被赋予与学术教育和职业教育同等重要的地位。

（一）学术教育

早在公元前，《史记》一书就对学术有了初步的记载。学术是指系统性专门的学问，也是学习知识的一种，泛指高等教育和研究，是对存在事物及其规律的学科化。虽然当代学者将学术的概念界定为对存在事物及其规律的学科化研究，即人们普遍认为的普通高等教育、硕士研究生及博士研究生教育属于学术教育，但由于这几类学术教育成就离不开小学、中学阶段教育的基础铺垫，因此我们也可以把全部学历教育阶段都归属为学术教育。

学术通常以学科和领域来划分。随着时代变迁，人类不断修订及开创学科和领域。相对于启蒙时代，学术领域变得越来越专业，研究范围划分得越来越细致。因此，跨领域的研究成果常常获得当今学术界的奖项。事实上，过去很多跨领域的研究后来变成了今天独立的专业领域，譬如认知科学。简而言之，学术领域的发展过程就是内部的学科和领域再分化的进程。

我国高等学校本科教育专业设置按"学科门类""学科大类（一级学科）""专业（二级学科）"三个层次来设置。根据国务院学位委员会、教育部印发的《学位授予和人才培养学科目录设置与管理办法》，本科教育涉及哲学、经济学、法学、教育学、文学、历史学、理学、工学、农学、医学、军事学、管理学和艺术学13大门类，每个大门类又下设若干一级学科，如理学门类下设数学、物理、化学等14个一级学科。

学位授予那些完成主要学术课程并考核合格的人。按顺序，学生完成了学士学位，接着完成硕士学位，最后才完成博士学位。在当代社会，我们可以认为只要完成大学学业，也就完整地经历了学术教育。

因为学术教育主要是学习和研究已经存在的事物，所以**学术教育主要培养的是以"物"作为工具的可以胜任专业岗位的劳动者。**

（二）职业教育

职业教育是指让受教育者获得可从事某种职业或生产劳动所需的职业知识、技能和职业道德的教育，包括职业学校教育和职业培训。职业学校教育是学历性的教育，分为中等和高等职业学校教育。

对职工的就业前培训、对下岗职工的再就业培训等各种职业培训都属于职业教育的范畴。职业教育的目的是培养应用型人才和具有一定文化水平、专业知识、技能的劳动者。与普通高等教育和成人教育相比较，职业教育侧重于实践技能和实际工作能力的培养。

十九大报告指出，优先发展教育事业。完善职业教育和培训体系，深化产教融合、校企合作。加快一流大学和一流学科建设，实现高等教育内涵式发展。健全学生资助制度，使绝大多数城乡新增劳动力接受高中阶段教育、更多接受高等教育。

职业教育是学术教育的后续补充。让学术人才投身职业岗位，让学术理论与职业实践充分结合，这不仅能促进人的全面发展，更是社会生产力提升的重要手段。

相对于学术教育而言，职业教育有其自身的特性。职业教育的本质至少应该包含四个方面：**一是以人为本，二是因材施教，三是科学管理，四是文化塑造。**

中国当下的职业教育具有以下四个优势：

第一，培训体系成熟。现存的职业教育机构在品牌、资金、师资和就业方面都有雄厚的实力，培训细分化、精准化、专业化。

第二，学习时间短。以实战教学为导向，强化训练。学习成本低，见效快，可以快速解决就业、待业等问题。

第三，投资回报高。如果选择一个好的专业，可以在较短的时间内收回成本。比如IT程序、创意设计、游戏动漫等都是高回报的专业或方向。

第四，技能＋学历＋就业。职业教育采用的是"技能＋学历＋就业"的套读模式，技能和学历两不误，既做到了快速适应工作岗位，又为报考公务员、本科及研究生，考取职业技能等级证书的同学提供了基础条件。

不难发现，当代社会推动行业变革、社会进步的企业家，大多都完整地经历过学术教育，并在职业实践中练就了合格的职业技能，提升了职业素养。

（三）创业教育

创业教育是培养人的**创业意识、创业思维、创业技能**等各种创业综合素质，并最终使受教育者具有自主创业能力和一定创业成果的教育。

在国内，有学者认为，创业教育是以培养具有创业基本素质和开创型个性的人才为目标，不仅是以培育在校学生的创业意识、创新精神、创新创业能力为主的教育，而且是要面向全社会，针对那些打算创业、已经初次创业和连续创业的创业群体，分阶段、分层次地进行创新思维培养和创业能力训练的教育。创业教育本质上是一种追求现实结果的实用型教育。

创业教育应该包含以下四个方面内容。

意识培养：启蒙学生的创业意识和创新精神，使学生了解创新创业的完整涵义、关键要素与表现特征等，培养其融入商业社会和开展商业活动所需要的核心意识。

能力提升：培养学生的辨识力、洞察力、决策力、组织协调能力与领导力等各项创新创业所必备的能力。

环境认知：引导学生认识当今社会及行业环境，了解创业机会，分析创业风险，掌握商业的运行规律等。

实践模拟：通过创业计划书撰写、模拟商业活动开展等实践课程，鼓励学生体验创业的各个环节，包括团队建设、市场评估、资源整合、创业融资及风险管控等。

国内高校创业教育的开展始于20世纪末。1998年，清华大学举办首届创业计划大赛，成为我国第一所将大学生创业计划竞赛引入校园的高校。二十多年来，创业教育逐步引起了各高校的重视，一些高校还在国家有关部门和地方政府的积极引导下进行了有益的探索与实践。

如图2-3所示，三类教育体系有不同的人才培养目标。学术教育体系相对成熟，普及面广，理论也具有普适性，因此经历完整的学术教育有助于完善学习者的人生观和世界观，令其人格健全并能更好地融入社会，成为经济活动有效参与者。职业教育的发展比学术教育晚一些，起初是一些学术教育的专业学科分支，但因其精准的定位和人们对个人全面发展的客观需要，职业教育的发展十分迅速，教育体系的成果也日渐丰富，做到了"青出于蓝而胜于蓝"。

联合国教科文组织定义了三类教育体系

学术教育	职业教育	创业教育
为社会培育人格健全的劳动者	为特定行业培育有领先技能的人才	为社会培育有商业思维和创造能力的精英

图 2-3　三类教育体系的人才培养目标

在中国，学术教育和职业教育是主流教育，创业教育也得到政府的大力支持与推动。比如人力资源和社会保障部曾引进由联合国国际劳工组织开发的 SYB 创业培训，共青团中央、全国青联全国学联与国际劳工组织合作在在我国推广 KAB 教育项目。SYB 的英文全称是 Start Your Business，意思是"创办你的企业"；KAB 的英文全称是 Know About Business，意思是"了解企业"。

因为 Business 的中文翻译是"商业、交易、生意"，所以 SYB 更准确的翻译应该是"开启你的生意"或"开创你的事业"，而 KAB 更准确地翻译应该是"了解商业"。

可以看到，这些源于西方的理论和教育体系，在教学实践中都把创业格局定位在企业或公司上。这样较难让青年人树立完整的创业人生观。

一直以来，社会化的商业培训，由于能起到一定的资源整合及创业投资促进作用，也获得了各界的支持和推广，如 EMBA 等。"双创"政策实施以来，各类"孵化器""创客空间"及创业商学院如雨后春笋般迅速生长，一些社会机构也在借用国外独特的创业学术理论开展创业培训。

并不是每个人的一生都会完整地经历这三类教育的培育和改造，而且有的人在经历过才会恍然大悟。希望看完本书的青年创业者，能做到提前觉悟，积极主动地完成这三个阶段的教育。

四、青年人现状

有企业家说过，对于创业而言，这是一个最好的时代，也是最坏的时代。编者对这种观点有深刻的感悟。通过对以下几个现实问题的解析，可以帮助当代青年对现实环境有更加全面的认知。

（一）理想的工作好找吗

经常听人说：找一份工作很容易，找一份事业很难。这句话既反映了人们对职业空间的不同层级的需求，也反映了很多青年人在枯燥的工作岗位上容易丢失初心、迷失理想的实际情况。相比西方国家，中国就业青年的跳槽率高得很多，这样的情况既困扰就业者，也困扰企业主。网易新闻关于跳槽频率的报道，如图 2-4 所示。

图 2-4　网易新闻心关于跳槽频率的报道

这样的情况是怎样造成的呢？难道中国的大多数工作岗位真的很不理想吗？实际情况并非如此，一些公司的办公环境、薪酬待遇、晋升空间及人文关怀都很不错，却依然面临这样的困局。

图 2-5 所示的人才交流市场的求职场面或许能帮我们找到答案。对于优秀企业家和精英人群来说，这里就是"人口市场"。这样的招聘方式就像"吃快餐"，如果识人用人采用"吃快餐"的方式，求职者很难实现体面和稳定就业。现在这样的招聘方式在网络平台上也普遍存在。

图 2-5　人才交流市场的求职场面

很多青年人在踏入社会开始求职的那一刻，并没有为自己树立清晰的事业目标和人生理想，更没有参透创业之道，他们内心深处对岗位的需求仅仅是解决生存需求并获得心理上的安全感。很多用人单位匆匆招聘员工的目的，其实也只是为了解决企业的生存问题。由此可以看出，大多数情况下，并非工作岗位不理想，而是求职人员和用人单位之间的对接方式不理想。另外，很多企业内部虽然有充足的人员，但没有完善的内部培训和员工成长机制，只得舍近求远地从外部引进人才。这样做看起来似乎能形成"鲶鱼效应"，但如果企业这个"池子"太浅，原有的"鱼"

反而会因为生存空间受到挤压大量跳槽，结果就得不偿失了。

真正有创业思维并树立了理想信念的人，会把专职的工作当成事业去做，这样才有可能成为以后的"股东"，而且他们也会把工作过程中接触到的资源加以充分运用，为将来抓住机遇并开创事业做准备。

走出了"象牙塔"，立足于社会的青年人就应该把自己当成创业者的角色，这个角色的修练是持续一生的。以这个角色为中心，青年人所经历的任何工作都是为了获得思维和人格的进化。青年人用这样的理念择业与就业，更容易实现自己的理想。作为刚融入社会并有志于开创事业的青年，不要过分在意工作岗位是否理想，而是要让每个工作岗位都服务于自己早已确立的事业目标和人生理想。

（二）工作越做越轻松吗

改革开放以来，大量创业者在残酷的商业环境中艰难建立起各自的事业，虽然他们也具备由西方传入中国的管理经验与竞争意识，但其中很多创业者仍然像是站在独木桥上或是悬崖边上，随时有可能被淘汰出局而惨淡收场。从严格意义上讲，这些人大多算不上合格的创业者，因为他们创业的目标几乎都一样，就是赚钱，这种以赚钱为目的的商业思维是典型的老板思维而非创业思维。当他们所处的行业和市场还是"未知空间"，竞争压力小且利润较高时，经济学上称之为"蓝海"。此时，员工可以轻松地工作，事半功倍地为公司带来收益。随着越来越多的对手进入他们所处的行业和市场，他们面对的将是竞争压力巨大且利润极低的"已知空间"，经济学上称之为"红海"。此时，他们为了实现盈利目标，通常会要求员工加班加点工作以提高生产率和竞争力。这种以榨取员工人力价值而非变革与创新为手段，来提高收益的企业文化会断送很多人的前途。从事任何行业的经营者，如果只把盈利作为核心目标，其所处行业的生态只会越来越残酷，其员工的身心也会越来越疲惫。如图2-6所示的漫画充分表现出员工工作时面临的巨大压力。面对不合格的创业老板，员工该如何是好呢？编者相信，有完整创业观的青年人，一定会根据情况做出智慧的应对之策。

希望那些困惑的青年朋友们，在认真看完本书后，能结合自己的事业和处境重新评估理想和目标，找到实现理想的方法与通道，展望美好未来。

图 2-6　反映员工工作压力的漫画

（三）对当下职位感到安全吗

对当下的职位缺乏安全感是许多人都面临的问题，对企业创始人或者高管来说更是如此，因为职位越高，压力越大，时间越不自由。他们舍弃家庭，舍弃朋友，舍弃健康，一心扑在事业上，最后却依然有被抛弃、被替代的可能，甚至亲手创立的事业也可能瞬间消失。很多时候他们即使借助资本推动，用尽商业权谋，却仍无法让事业获得最终成功，其压力可想而知。由图 2-7 中的新闻报道可以看出企业高管面对的巨大工作压力。

图 2-7　有关企业高管工作压力大的部分新闻报道

大量事实告诉我们，如果创业者只是把人生的目标设定为创立一个可以量化的事业,那他们创业的这段人生时光大多不会完整又不美好。作为创业者,一定要明白事业、家业、职业这三者之间的关系。虽说能够创立伟大事业是充满诱惑的梦想,但创业者更要真正明白奋斗的最终目的。创业者要做到在遵循自然规律的前提下创造并获取财富,让资本和资源为其完整的人生目标服务,而不是在利益引诱和资本推动下让自己陷入无法自拔而又无路可退的境地。即使之前设定的人生目标存在偏差,编者也希望您能在读完本书后做出必要的修正。这句话可以作为告诫,如果方向错了,停下来也是进步。

(四)能承担相应的责任吗

我们需要承担的责任,包括家庭责任和社会责任两个方面。

1. 家庭责任

以家庭代际层次和亲属关系为标准,可以把家庭分为核心家庭、主干家庭、联合家庭和其他家庭。核心家庭是指如图2-8(a)所示由父母和未成年子女组成的"小家庭",主干家庭是指如图2-8(b)所示由父母和一对已婚子女组成的"大家庭",这两种家庭是较为常见的。作为青年学子的你,需要承担哪种家庭责任呢?家庭责任的担当应该如何体现呢?

(a)　　　　　　　(b)

图 2-8　较为常见的两种家庭的人员组合

能够拥有一套房产、建立一个小家庭、创立并守护一份家业,是当下大多数人认为的青年人应该达成的人生目标，似乎无人能回避。然而，靠自己的能力拥有一套房产这样的目标，至今依然被认为是矗立在青年人面前的一座很难逾越的"大山"。有数据反映，中国青年翻越这座"大山"的平均年限是15年。也就是说，如果大学毕业刚好22岁，在37岁人到中年之时，这样的目标才得以实现。众所周知，青年人除了要翻越这座"大山"，还需要翻越教育和医疗这两座横亘在其人生道路上的"大山"。用什么办法可以缩短翻越这几座"大山"的时间呢？这正是《青年学子创业之道》一书着力于探究的问题，相信看完本书的青年人，一定能找到一些实现目标的思路。

2. 社会责任

绝大多数青年人几乎都无力承担过多的社会责任。当然，这无可厚非。可是一些已经功成名就的创业者，依然没有承担足够的社会责任。对于这个问题要从两个层面看，首先是能与不能？然后是愿意与不愿意？

社会责任主要是指什么？很多人说是救济贫弱，尽管很多人喜欢用这样的方式展现其担当，然而这种意义上的社会责任仅仅是"授人以鱼"的"小爱"，其最终展现的也仅仅是"小我"。编者认为真正意义上的社会责任应该是**创业思想的传承、商业资源的分享、创业土壤的改良**。用这样的方式展现社会责任的担当，可以给青年人留下更多的创业机会和成长空间，让青年创业者成为精英，成为智者，成为能够继续以这种方式承担社会责任的优秀企业家。这样的大格局、大担当才是真正的"大爱"与"大我"，更是创业精神传承和创业者生生不息的保障。

事实证明，凡是拥有家国情怀的创业者，在创业过程中都能展现出非凡的格局和担当，也更容易受到资本和资源的青睐，更容易实现事业目标。

（五）对经济规律有充足的认识吗

对经济规律是否有充足的认识是青年人必须认真思考的问题。从对这个问题的剖析开始，本书的内容将逐渐涉及更深层次的知识和理论，并开始进行方法的引导。

人生财富的获取可以在对上述问题持续研究的基础上，通过系统地实操逐步实现。

众所周知，规律是构成我们这个物质世界的重要无形因素之一。我们所处的经济社会也必然有其运行规律，其中有三条经济规律是创业者要重点研究的，分别是**通货膨胀、经济周期和并存经济**。

1. 通货膨胀

通货膨胀是指在货币流通条件下，因货币供给大于货币实际需求，即现实购买力大于产出供给，导致货币贬值而引起的一段时间内物价持续而普遍上涨的现象。

不要把通货膨胀和CPI（居民消费价格指数）相混淆，CPI主要统计的是家庭基本消费品和服务的物价变化数据，仅仅是例如菜、米、油、盐、水、电等的价格变化，并非所有商品和服务的价格变化，因此实际的通货膨胀率比官方公布的CPI在数值上要高。在个别行业，通货膨胀率有可能会高得惊人。比如自2016年下半年开始的房价上涨，截止到2018年底，很多省会城市的平均房价涨至之前的1.5倍，通货膨胀率达到了50%，远高于同期CPI的增长。

通货膨胀会带来货币贬值，简单来说就是钱变得"不值钱"，导致购买力下降。从表2-1中可以看到，100万元现金在不同通货膨胀率的情况下，货币贬值幅度各有不同。4%的通货膨胀率与CPI增幅数值较为接近，仅仅是指日常消费品和服务的通货膨胀率；而10%的通货膨胀率则有可能是综合了教育、医疗、住房等更多消费后统计出来的。

表2-1 通货膨胀率与时间带来的购买力贬值效应

通货膨胀率	今天	5年	10年	20年	25年
4%	100万	82万	66万	44万	36万
6%	100万	73万	54万	29万	21万
8%	100万	65万	43万	19万	12万
10%	100万	59万	35万	12万	7万

对任何国家而言，温和的通货膨胀都是确保经济健康发展的重要因素。温和的通货膨胀是与消费力和社会生产率的稳步提高相同步的，生产率提高往往得益于技术创新和文明进步。

对通货膨胀的正向理解往往会引起人们对财富贬值的恐惧，但若运用逆向思维去理解，则有助于让人们增强投资和理财的意识。合理的理财会带来财富保值、增值，但要做到长期持续增值，则需要学习更多理财方面的技能并加以操练。在后面的章节中会对家庭理财做简单介绍。

推荐青年朋友们观看中央电视台播出过的纪录片《货币》，会帮助大家对通货膨胀有更全面和深刻的认识。

2. 经济周期

经济周期一般是指经济活动沿着经济发展的总体趋势所经历的有规律的扩张和收缩。

过去把经济周期分为繁荣、衰退、萧条和复苏四个阶段，在图2-9中把它们叫作过热、滞胀、衰退和复苏更为形象，这也是现在普遍使用的名称。

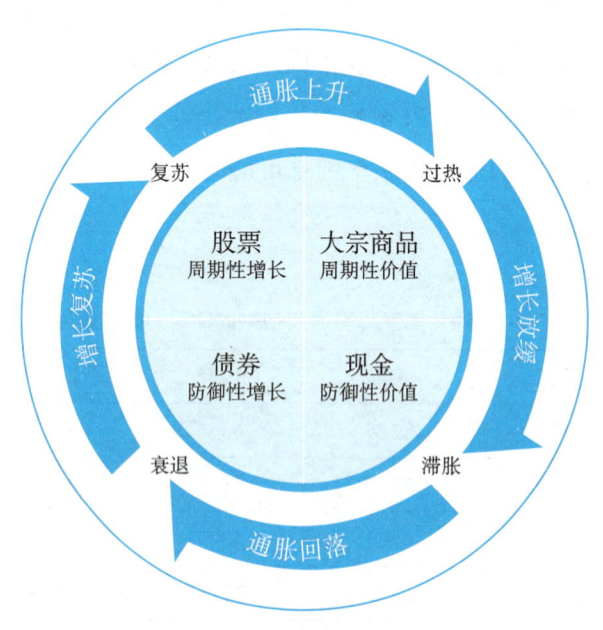

图2-9 经济周期轮转图

很多人认为经济周期与通货膨胀有关，也有的人认为它们之间是互为因果的关系。经济学家一直在研究这两者之间如何相互影响，以便更好地分析经济周期。实际上，经济周期可以分为宏观周期和微观周期。宏观周期往往和通货膨胀关系不大，在很多经济体中，宏观周期与金融政策、政治格局、国际局势等关系更为密切，因此经济危机和金融危机这两种周期现象之间总有一定的关联。微观周期也可以被视作行业周期。微观周期和通货膨胀及短期金融信贷有较大关系。很多中国学者认为有"5年小周期、10年大周期"这一经济周期规律，但这样的规律仅可用于指导某些实体行业进行创业投资决策，也就是仅仅对事业初期做出行业选择有一定帮助，对于家业和职业这两个长远的规划却没有多大的指导意义。因此，优秀的创业者对经济周期的研究还应该运用更加宏观的思维。

美国是一个金融业发达的国家，在金融的助力下这个国家曾经飞速地发展了半个多世纪。但美国在经济飞速发展的同时也经历过两次大的经济危机，分别是1929年经济大萧条和2008年的次贷危机。每次经济危机都会出现金融机构和大型实体倒闭，引发很多行业大洗牌，这使得大量被金融系统估价的财富短时间内缩水甚至完全消失。经济周期带来的动荡虽然很残酷，但对于创业者来讲，身处在一个有经济周期的社会却是幸运的，因为周期的更替会出现"危机"（危机＝危险＋机会）。对经济规律有深入研究的人，会在周期更替的时候找到事业起步或转型的机会，甚至会获得意想不到的财富。

为青年学子们推荐一部科教短片《经济机器是怎样运行的》，会对大家更好地了解经济周期提供帮助。

3. 并存经济

并存经济这个名词对于很多创业者、投资人甚至是经济学家来说都会有陌生感，有的人甚至将并存经济完全当作是"地下经济"，而我们需要更理性的认知。

所谓"地下经济"，一般是指逃避政府的管制、税收和监察，未向政府申报和纳税，其产值和收入未纳入国民生产总值的所有经济活动。"地下经济"活动涉及生产、流通、分配、消费等各个环节，可谓无处不在，是当前世界范围内的一种普遍现象，被国际社会公认为"经济黑洞"。

在并存经济的各种业态中，有道德或法律不可容忍的，也有道德和法律都可以容忍的。总体来讲，凡是以损害健康、破坏环境、贬损价值、破坏核心规则等方式为手段谋取利益的，都是不可容忍的，比如黄、赌、毒、贪污、洗钱、诈骗等。凡是以维护健康、保护环境、提升价值、遵循共商共建的商业规则等方式为手段的经济活动都是可以容忍的，我们可以理性地称之为并存经济。

毫无疑问，并存经济在解决就业和财富再分配方面的作用明显，因此每个国家对此都保持谨慎的态度。并存经济在某个区域甚至全球性的崛起，看似与传统的经济周期有一定关系，但这不是主要原因，其背后还隐藏着更多的真相。

截止2018年，并存经济业态大致分为四种形式，即产品直销、消费返利、拆分理财、数字代币，如图2-9所示。

所谓"存在即合理"，并存经济之所以存在，一定有其存在的价值和意义。虽然并存经济总是不停地在经历道德和法律的考验，但是在20世纪90年代中国加入WTO并扩大开放后出现的直销业，随着互联网兴起形成的个人电子商务，随着社交和新媒体平台的普及形成的微商和社交电商，其发展速度比任何传统产业都快，量变产生质变的财富效应让投资人喜出望外。

图2-9 截止2018年并存经济的四种业态

这些业态在运行过程中，可能出现资金在"空转"、价值被虚构等恶劣现象，但其蕴含的金融思维、互联网思维及其他的具有开创性和颠覆性的理念都是值得创业者研究和借鉴的。

在这四种业态中，产品直销和拆分理财的生命周期相对较长，其商业模式也基本遵循了温和通货膨胀的经济规律。

对已经确定了事业目标甚至树立了理想信念但资源匮乏的青年创业者来讲，并存经济可以提升其思维格局和商业认知。同时，并存经济活动形成的商业社群也是获取创业资源的渠道。一些优秀的企业家在创立事业的初期都借助了并存经济活动吸收资本和资源，一些优质的创业项目也是在并存经济形式转型过程中成长起来的，甚至一些行业变革的主导者也是从并存经济业态中孕育而出的。

社会和经济的运行还有许多其他的规律，有些涉及意识形态，有些则需要用更高维度的思想去理解。作为青年创业者，在创业初期先了解"通货膨胀""经济周期""并存经济"这三大经济规律和商业现象就足够了。

从法律思维看待经济规律和商业现象，创业者需要领悟：**法有立，业有依；法无禁，事可为**。青年朋友们要加强对法律法规的学习和运用。中国的法律体系大体有法律、行政法规、地方性法规三个层次，由宪法及宪法相关法、民法、商法、行政法、经济法、社会法、刑法、诉讼与非诉讼程序法等七个方面组成。对商法的学习研究可以扫除创业者对商业行为的一些认知障碍，目前我国商法主要有公司法、保险法、票据法、证券法等。

综上所述，我们要练就以下优秀的思维和能力：

（1）让每份工作都服务于自己的理想；

（2）让不合格的老板鞭策自己成为老板；

（3）让资本为自己完整的人生目标服务；

（4）让责任与担当激发自己创业的潜能；

（5）让规律和变革成为获取财富的工具。

第三章
先做到成功创业

关键词：

思维观念　行为习惯　自律　八二定律　21天效应

财经素养　儒释道　道&术　成功创业　可持续

营利工具　财务三张表　时间管理　复利　危机意识

企业资源塔

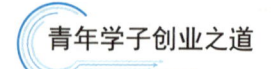

一、影响创业者的主要因素

（一）主观因素

影响创业者的主观因素有两个，即**思维观念和行为习惯**。思维观念的改变与进化有时候不像想象的那么难，通过对第一章内容的阅读和理解，相信很多青年人在思维观念上有所改变或完善。而行为习惯则不然，行为习惯的养成是主观因素中的重点和难点。何以见得呢？就以现在青年人的生活习惯为例，很多大学生在校园里虚度光阴，饮食起居不规律又缺乏运动和锻炼。当他们踏入社会的时候，既没有掌握必备的知识和技能，又没有树立人生理想，更不具备智慧的商业悟性，最可怕是身体处于亚健康状态，没有青年人该有的朝气与活力。这样的青年人，如何能担负起青年一代的历史使命呢？

行为习惯的养成主要靠自律。很多老一辈企业家坚持每天6点钟之前起床锻炼，既保持精力充沛又有充足时间做好当日计划安排，这体现的是生活自律；在参加自己主办的活动时，会提前到场，在入口以主人翁的姿态迎接朋友们，这就是保持服务意识的工作自律。所谓"万丈红尘一杯酒，千秋大业一壶茶"，很多企业家认为，以品茶的方式进行沟通比喝酒更有效。编者发现，优秀的企业家在行为方面都能保持良好的行为习惯，甚至在为人处世方面完全遵循了"五常"法则，即仁、义、礼、智、信。强化自律意识，养成良好的行为习惯，不断改善思维观念，我们坚信，很多人青年人都有机会成为企业家。

需要强调的是，健康的思想和体魄是优秀创业者需要具备的基础条件。健康的思想对青年人的兴趣爱好、学习环境及人际交往都能产生很大影响，本书在这个方面为青年人做出一些提示和引导。

（二）客观因素

关于客观因素，创业者多会根据自己所处的环境总结出若干影响因素。然而，真正影响创业者的客观因素其实只有一个——规律。创业者遇到的所有除自身因素之外的各种影响因素，其实都可以看作规律所致。人的因素可以归结于人性的规律，经济环境因素可以归结于经济规律。创业者需要提升自己的认知能力，将其上升到对各种事物的客观规律的总结和研究的高度上来。

1. 八二定律

八二定律又名 80/20 定律、帕累托法则，也叫作巴莱特定律、朱伦法则、关键少数法则、不重要多数法则、最省力的法则、不平衡原则等，被广泛应用于社会学及管理学等领域。

八二定律是 19 世纪末 20 世纪初意大利经济学家帕累托提出的。他认为，在任何一组事物中，最重要的只占其中一小部分，约 20%，其余 80% 尽管是多数，却是次要的。

管理学：通常一个企业 80% 的利润来自该企业 20% 的项目。

经济学：20% 的人手里掌握着 80% 的财富。

心理学：20% 的人身上集中了人类 80% 的智慧，他们从出生起就鹤立鸡群。

对八二定律的认知可以帮助创业者在工作中把控节奏，实现高效的人力和运营管理。

2. 21 天效应

在行为心理学中，人们把一个人的新习惯或新理念的形成并得以巩固至少需要 21 天的现象，称之为 21 天效应。这是说，一个人的动作或想法，如果重复 21 天就会变成一个习惯性的动作或想法。

有专家研究发现，习惯的形成大致分为三个阶段。

第一阶段：1～7 天。此阶段表现为"刻意、不自然"，需要十分刻意地提醒自己。

第二阶段：7～21 天。此阶段表现为"刻意、自然"，但还需要意识控制。

第三阶段：21～90 天。此阶段表现为"不经意、自然"，无需意识控制。

21天效应这个客观规律对学校教育、企业管理等都有极其重要的指导作用。

青年创业者可以用21天效应培养自己关注财经新闻的习惯，把财经新闻当连续剧看，观察经济运行的表现，这是培养财经素养并形成财商（FQ）观念的重要习惯。

财经素养没有统一的定义，但可将其分为两个层次：第一个层次是财经类知识的掌握和理解，也就是知识与技能的积累，这是基础；第二个层次是目的和应用。就是说财经素养是思想与行为的综合表现，既有展现出来的知识技和能的应用，也有隐藏起来的对财富的态度、动机和价值观认知等。

3. 智慧认知

1）古人智慧

关于如何遵循规律与人相处、与环境相处，中国古人已经总结了大量的经验智慧并通过一些方式传承了下来，许多经验智慧就蕴含于历史悠久的中国三大教派思想和理论中，这三大教派就是耳熟能详的"儒释道"。宋初宰相赵普曾经说"半部论语治天下"，这足以说明参透古人智慧的巨大作用。青年创业者们应认识到古人的智慧并将其运用到创业过程中去。

2）儒释道（亦称"三教"）

儒：孔子创立并由孟子、荀子等人加以完善和继续发展的儒教。儒教的中庸之道可以指导人们修炼普世的人生观和价值观。

释：印度释迦牟尼创立的佛教。佛教思想可以帮助人们在逆境中反思，修炼更高维度的人生观和世界观。

道：老子、庄子发扬的道家学术及鬼谷子创立的许多学术可以帮助人们修炼世界观和价值观，还可以指导创业者建立自己的方法论。

在"三教"的思想理论中，都包含"道"与"术"，但各自的侧重点不同，其中以孔子的儒家思想对社会影响最为直接和广泛。

推崇中庸之道的儒家思想对于人生智慧和人性规律的阐述，对后世有重要的指导意义。比如，孔子曰："君子有三戒：少之时，血气未定，戒之在色；及其壮也，血气方刚，戒之在斗；及其老也，血气既衰，戒之在得。"孔子智慧地指出了人的一生在三个年龄段上需要谨慎处理并"戒"掉的问题。

"戒色"：人在年少之时，血气还未成熟，应该力戒"色"和"欲"。如果不谨而纵欲，那就像在砍伐生命之树，或自损了身体，或败毁了德行。

"戒斗"：三十以后的壮年时期，血气方刚，应该力戒争斗。如果好勇斗狠，则可能因一朝之忿而自毁一生。

"戒得"：人在年老之时，血气已衰，应该力戒贪得。如果还是孜孜图利，那么往往晚节不保，非但人生的句号没有最后圈好，且很可能败落在人生的终点上。

需要强调的是，从古至今，三教之间一直既相互排斥又相互融合，在一定意义上，当下中国很多独特的思想体系都源自儒释道。比如国学教育必修的《三字经》《弟子规》及"三观"教育，都是由儒释道的观点汇聚衍生而来的。

正因如此，"三观"没有统一的标准。每个人需要在通识的儒释道理论指导下结合自己的家庭情况、个体性格、所处环境等培育适合自己的独立的"三观"。

现实中，因为价值观不同而无法形成有效人脉关系的情况很常见。人们喜欢以自己的价值观作标准去考量别人，这并不是智慧之举，我们可以把社会主义核心价值观中对人的道德规范要求——"爱国、敬业、诚信、友善"作为基本价值观，这样就可以更好的开展人际交往。

需要注意的是，青年人在吸收前人思想理论的时候，要学会选择，或者说"取其精华、去其糟粕"。

许多人喜欢把古人即兴表达的名言警句作为人生格言，本是幸事，但如果没有结合自身实际，盲目欣赏和崇拜，即使是一句充满正能量的话，也可能会带来反作用。比如"走自己的路，让别人说去吧！"看似一句自信的豪言壮语，却导致很多创业者形成了错误的世界观。像这样的格言还有很多，如"在哪里跌倒就在哪里爬起来！""今朝有酒今朝醉，明日愁来明日愁。"等。

另外，还有很多被错误理解的古训，比如：

①"三思而后行。"这并非告诉人们一定要思考和准备完善再行动，其原话为"季文子三思而后行，子闻之曰：再，斯可矣。"后半句的意思是，孔子纠正说："思考两遍就可以去做了。"

②"人不为己，天诛地灭。"这里的"为"是动词修习、修炼的意思，这句话是说如果人不修习自己的德行，改进自己的不足，那么天地都不会包容他。而不是许多人理解的，人如果不为了自己的利益，天地都不会包容他。

③"三十六计走为上计。"本意并非遇到强敌时逃跑放弃是最好的办法，而是在力量悬殊、无法正面抗衡的时候，以退为进、寻求战机，依然能达成目标。

④"吾生也有涯，而知也无涯。"这句话一直用于鼓励人们珍惜时间，努力学习知识，但原文中其后一句"以有涯随无涯，殆已！"意为拿有限的生命学习永远也学不完的知识，是必然失败的。庄子这样的论述不无道理，实际上，学习的最终目的是开启智慧。社会各行各业经过几千年的发展和细分，已经远不止传统意义上的七十二行，甚至是七百二十行都不止。研究表明，对各种细分的知识吸收越多，思维越聚焦也越固化，会逐渐远离真相和初心。

3）智慧的源头

不可否认，"三教"的思想和学说是智慧的结晶，但寻找人类智慧的源头至今仍然是教育家和科学家的一项重要工作。著名学者曾仕强先生认为，在西方国家，修炼个人智慧最高的依托就是宗教；但在中国，最高的依托不是宗教，而是"道"。老子说：道可道，非常道。其意为真正的"道"是很难说得清楚的事物，它似乎并不存在于人们感知能力范围内，在文字还没有形成之前，"道"就已经存在了。现代人研究和遵循自然规律就是合"道"之举。

经历磨难流传至今的《易经》相对完整地记载了关于"道"的创世学说。有学者认为：发源于本土的儒家和道家学说就是《易经》中"道"和"术"的分支演变。儒家学说重点阐述了伦常道德，道家学说则更多地传授技术运用。

无论研究什么学术，都是为了让我们更好地认知规律、探寻真理。《易经》学说用简单的"阴"和"阳"两个要素的组合，形成基础的八卦，通过组合又演变为六十四个卦象，以此来帮助人们认知自然环境和社会事物的规律，指导人们趋利避害，这样的学术功能至今仍然沿用。

由于《易经》学说具有模糊性、灵活性、空白性三大特征，被认为是唯心学说。在古代，一些智慧的圣贤研究创立了具有唯物特征的"五行"学说，五行即由"木、火、土、金、水"五种基本物质的运行和变化所构成，它强调整体概念。

阴阳与五行两大学说的合流形成了中国传统思维的基础框架，或者说，后世关于"道"的系统化理论起源于这两大古老的学说。

通过对前面内容的阐述，我们可以这样理解，东方智慧的源头是"道"，《易经》和"五行"学说虽然不能完全代表"道"的智慧，但它们用独特的学术语境和表现方式把"道"相对简单、直观地呈现给世人。对"阴阳五行"学说的认知和研究，可以帮助人们"悟道"，进而更好地掌握事物运行的规律。

4）何谓成功

创业者要全面认识影响自己创业的各种因素，借助智慧的学说提升自己对规律的研究和总结，通过身体力行的实践让自己获得积极的因素，化解不利因素。在这个过程中，悟性得到提升、智慧得以开启，人性深处的"真善美"也会自然散发。从物理学的角度做一个形象比喻，创业或"修业"的过程就是吸收和释放能量的过程。能量不会凭空产生也不会凭空消失，只会从一种形式转化为另一种形式。因此，我们可以认为创业没有确切的终点，更没有成功或是失败之分。

狭义的人生指的是一个人由生到死的过程，所以青年创业者要记住：人生不到一甲子，不要论成败。

如果非要把"成功"二字与创业联系起来，我们可以尝试定义**"成功创业"**这个概念。创业不仅是开创企业的"业"，更是修炼人生的"业"，创业者把人生的追求、奋斗的目标和运用的方法浓缩于一份"创业规划"，这份规划既包含**事业规划**，也包含**家庭财富规划和个人职业成长规划**。青年创业者能完整地把这三条规划清晰合理的呈现，并具备能力实现之，这样的创业从开始的那一刻起便是"成功创业"。

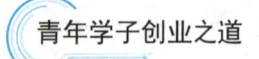

二、创业的核心思想和三大要素

如果问青年人创业的目的是什么，也许得到的大多数回答是"赚钱"。虽然这不是一个完全错误的答案，但至少可以确定这样回答的人算不上合格的创业者。

人们在工作和生活中不断提升自己的修为和格局，也会逐渐形成自己安身立命的原则，还会用这些原则去指导自己设定财富目标，并选用合适的方法达成目标。这些各自尊崇的原则都源自藏于大脑深处的核心思想。

很多青年人因为没有充足的阅历和认知，所以连表面上的原则都没有建立，也没有通过有效的方式探寻自己内心真实想法，更不会意识到核心思想的存在。

核心思想是什么呢？

三个字：可持续。

当创业者意识到在他的原则之上还有这三个字的时候，说明他在思想上已经是一位合格的创业者了。

（一）可持续思想

可持续思想是古人传承下来的智慧，许多描述人和自然的谚语和诗词表达的就是可持续思想，比如"识时务者为俊杰""留得青山在，不怕没柴烧""青山不改，绿水长流"。创业者既要有源自本我的初心不改的原则，又要遵守轮回交替的生生不息的法则。虽然世界已经被我们改造得充满了科技感甚至显得很"科幻"，但这一切依然可以简单地看作是自然环境。与动态变化的自然环境很好的融合并共同进化，既是正确的世界观，也是可持续思想的基本逻辑。

青年创业者如何理解可持续思想呢？结合前面的内容分析，青年人首先要发现获取人生财富的途径，青年人在职业、家业、事业三个方面都拥有广阔的成长空间，如何建立这些财富路径并设定适合自己的财富目标，是创业者的核心任务。只要在这三条财富路径上不懈努力、持续前行，创业者都能从中获得可量化的财富。

因此，金钱应该是在确保财富路径通畅且业态正常运行的状态中顺便获得的，除了金钱，还有更多财富可以被创造并获得，这样的理解就是遵循可持续思想的体现。

王老吉这个品牌我们都不陌生，它创立于清道光年间。据《广州西关古仔》记载，1839年，林则徐在广东禁烟，整日奔波劳累，不幸中暑。随从人员请来名医开方，服药不见效果，病况日渐加重，上下十分焦急。后来有人慕名找到王老吉，果然药到病除。于是，林则徐登门答谢，并问及姓名与所用之药。王老吉如实回答："大家叫我王老吉，为您治病的是几味不值钱的草药。"林则徐不禁感叹："药无分贵贱，不值钱的草药，更能使贫苦百姓受益。如果能将药煮成茶，使人随到随饮，有病治病，无病防病，那就更能为大众造福啊。"王老吉听后，若有所悟。1840年，王老吉首创凉茶包，以"前店后坊"的形式，同时出售凉茶粉和凉茶包，方便顾客携带出门远行。这一做法使得王老吉凉茶包风靡一时，供不应求。林则徐更是命人送来一个大铜葫芦壶，上面还刻上"王老吉"三个大金字。

一个家族品牌能历经朝代的变迁传承至今一定存在某种核心的价值因素，这个核心的价值表面看是产品的配方，其背后是一套日渐积累而成的指导家族财富传承的思想。

一个家族尚有可持续的思想，何况一个民族呢？以色列在历史上经历过几次覆灭，但今天历经磨难的犹太人民最终让他们的国家傲视群雄。据统计，犹太人在全世界人口中所占的比例仅为0.3%，但他们却掌握着世界经济的命脉。在全世界最有钱的企业家中，犹太人占到了一半左右。究其原因，在于犹太人生生不息的赚钱和理财智慧，还有从孩提时代就培养的独立生存的意识。被犹太人誉为金科玉律的"五条商规"，据说是犹太人若干年来始终遵从的古老生意法则，而且正是这"五条商规"将犹太人带上了财富的巅峰。

商规一：发现和抓住无人感知但有潜力的行业和产品，当然质量和功能是第一位的。

商规二：分析、研究，想想哪类人会更感兴趣并率先尝试。

商规三：能分清好坏的客户会买最喜欢、最相信的商品，而不是最便宜的商品。

商规四：一定要在同一个客户身上尽可能做多笔生意，因为客户找可信的商家和产品更不易，他们更愿意、更习惯购买同一个商家或品牌的商品，所以要将生意做一辈子并延续到他的下一代。

商规五：少花钱甚至不花钱，借助别人的地方或机会，在帮他赚钱的同时赚他的客户的钱。

学习和研究犹太民族让财富可持续的商业思维对青年创业者有很好的现实指导意义。

青年人在步入社会之前，有必要通过对一些案例的学习和研究，总结出对自己具有现实指导意义的创业思想，再结合创业教育的开展帮助创业者制定可行的规划及实施方案。这一系列行为将有助于提高青年人体面就业和成功创业的概率。

对于个人而言，创业不是一朝一夕的事情，可能是持续一生的事情；对于一个家族、民族而言，创业可能要持续几代人。只有在可持续思想的指导下，创业者才能够发现并整合更多的创业要素，其中有三大要素是成功创业的关键。

（二）三大创业要素

1. 营利工具（Tools）

营利工具是解决创业者及其事业生存的基础要素，对营利工具的学习和研究是青年创业者的必修课。

对于青年人来讲，最常见的营利工具是商品和服务。在超市购买食品及在时装店购买服装是商品消费，在理发店理发、美容店美容、网吧上网属于服务消费。每时每刻都在进行的产品消费和服务消费让每个人都能成为营利工具上的一个组成部分。

营利工具这个创业要素本质上是一种交易形态。发生交易行为也会建立一种法律关系，因此从法律角度看，营利工具由主方、客方、载体这三个要素组成。这样的要素细分在任何行业都适用，就以近年来比较流行的自媒体创业来讲，创业者可以视作主方，其加工制作的视频或图文是一种数字产品形式的交易载体。客方是谁呢？客方是平台运营机构，平台运营机构通过已成为共识的商业规则汇集创业者的数字产品形成平台价值，该环节实质上发生了交易行为，然后平台运营机构又作为主方将这些汇集的数字产品改造成服务的载体，将服务销售给那些有广告需求的客户。这种"借鸡下蛋"的创业理念早已是互联网行业的主流意识。

除了单独的产品或服务，有的行业以产品与服务的组合作为营利工具，比如保险行业。对大多数老百姓而言，保险产品是保险公司为市场提供的以保单为有形产品和以人文关怀为无形服务的组合体；对于少数投资人而言，某些投资型保险产品可以理解为由保险公司创造、可供投资人投资并可在保险市场甚至金融市场进行交易的金融产品。

通过研究这三个细分要素的固有特性和衍生属性，我们甚至可以建立标准，对营利工具的优劣进行评估。目前，很多创业学术研究者都对营利工具进行了深入的研究，形成了一些理论和标准。例如，精益创业理论中的精益画布就是一个很好的评估工具。

创业者可以通过逐步建立系统来分析依靠产品和服务带来的盈利效应，通过复制经营主体从而做到跨区域、跨平台对接客户，带来更大的效益。对于创始者来讲，这种通过复制发展带来的利润分配是一种独特的盈利，我们通常称为系统盈利。

需要重点说明的是，系统盈利有两种主体形式，一种是法人主体，另一种是自然人主体。中国加入 WTO 之后，源自西方的直销系统盈利模式在中国不仅蓬勃发展，还实现了创新，尽管有些创新的模式一直存在争议，但这些新模式在解决财富再分配问题方面的效果明显。

商品盈利、服务盈利和系统盈利是创业者最关键的盈利方式，这三种盈利方式通常被定义为经营性工具（见图 3-1），是需要通过持续的经营才能获得利益的营利工具。

经营性盈利		
商品盈利	服务盈利	系统盈利

图 3-1 经营性盈利的方式

企业财税管理需要依托三张财务表，即利润表、现金流量表、资产负债表。在现金流量表里，记录着企业的三大现金流，即经营性现金流、投资性现金流和融资性现金流，这就意味着企业或者创业者可以从事经营、投资、融资三类活动。图3-2中列举了投资性工具和融资性工具的类别。

投资性工具		融资性工具	
固定资产	流动资产	股权融资	债权融资
土地	现金	天使	企业债
房产	股票	风投创投	银行信贷
收藏品	债券	私募	担保融资
可抵押实物	基金	IPO	……
……	……	……	

图3-2　投资性工具和融资性工具的类别

按照常理，只有经营性工具和投资性工具会带来收益，融资性工具会带来负债，但是在金融业高速发展的今天，股权投资盛行，加上金融创新产生了众多金融衍生品，融资也俨然成为了一种盈利方式。以共享单车为例，其一轮又一轮的股权融资，令创始人和早期投资者获益颇丰。而这些项目收取的押金本质上属于债权融资，虽说这种融资按照约定需要退还，但资金沉淀的时间价值、资金池的经营收益及一些因融资对象的遗忘或消亡带来的赠予收益都会让运营机构获得衍生的融资性收益。

工业革命带来了制造业的飞速发展，计算机和互联网的普及又大大提升了服务业的效率。在很多经济体中，这种效率的增长远远超过了人口和需求的增长，导致了产能过剩，加上前文提到的多种经济规律的影响，使传统企业经营越来越困难，或者说传统企业获得经营性收益越来越困难，这几乎是全球性的状况。

社会进步意味着对创业者的思维和能力提出了更高的要求，创业者需要同时研究上述三大类营利工具并做好适当的配置。在经营范畴，创业者只需研究"三率"——生产率、利润率、增长率，但在投资和融资范畴，创业者还要研究"三律"——规律、节律、法律。创业者要用开放的思维去探寻事物的本质和真相，通过大量实操提升自己驾驭更多营利工具的能力，这样才能在日益复杂的商业环境中修炼成为投资人和金融人。在创业这条充满风险和未知的道路上，只有投资人和金融人才能走得更远。

很多创业者推广的所谓的商业模式，在编者看来仅仅是营利工具，只不过他们把营利工具这个要素包装得更具概念感，这样更能引起关注。优秀的创业者应该练就能力对营利工具中三个要素（主方、客方、载体）进行研究和评估，这样才能找到合适的交易对象、正确的发展方向，并在更多创业要素的支撑下，让事业走向成功。营利工具的评估项目如图 3-3 所示。

分类	项目	说明
主方	核心团队	从10个方面评估（内容见第五章）
	经营位置	生产、销售、经营场所的位置评估
	准入壁垒	法规制度要求的人员资格和机构资质
客方	目标范围	全球、全国、全省、全市、附近生活社区
	需求层级	属于普遍刚需、消费升级、个性需求
	需求周期	10年以上至终身、10年以内/临时需求
载体	资产属性	产品、服务的品牌、专利属性及授权等级
	资讯通道	产品、服务的营销途径和信息传播的有效性
	交易途径	统一的线上交易系统、线上线下结合、仅线下交易
	效益指标	投入成本、毛利润及增长率等经济指标

图 3-3 营利工具的评估项目

2. 时间（Time）

时间是创业者最容易忽视的要素，思维的进化和能力的提升需要时间，资源的汇聚与整合也需要时间，资产的增值更需要时间。从宏观角度看，时间分为三个阶段：开悟的时间、启动的时间、积累的时间。下面通过一个案例来了解这三个时间阶段。

小王和小刘都是 23 岁，他们具有同样的专业技能。

小王开始投入 10 万元创业，他在一个新社区开了间特色面馆，其开始创业时的主要指标如图 3-4 所示。

此时小刘保持现状，不愿创业。

8 年过去了……

小刘已经31岁了，幡然醒悟并决定要创业，但为了保证与小王的规模相当，他投入了50万元，其开始创业时的主要指标如图3-5所示。

年经营回报	100 000	15%递增
市场占有率	0.1	5%递增
企业价值	100 000	30%递增

图3-4　23岁的小王开始创业时的主要指标

年经营回报	150 000	15%递增
市场占有率	0.1	3%递增
企业价值	500 000	30%递增

图3-5　31岁的小刘开始创业时的主要指标

此时的小王同样也31岁了，但他没有再增加投入，事业仍然持续稳定成长。

又过了12年时间，小王和小刘创业成果如图3-6所示。从数据看，小刘的每项指标都无法赶超小王。

小王 （累积20年，投入10万元）		小刘 （累积12年，投入50万元）	
经营总回报	1 024.44万元	经营总回报	435.03万元
市场占有率	0.25	市场占有率	0.14
企业价值	1 461.92万元	企业价值	896.08万元

图3-6　43岁的小王和小刘创业的各项指标对比

我们再看一个更重要的指标——年平均回报率，小王也远远超过小刘，如图3-7所示。

年平均回报率	小王	小刘
	512%	72.5%

图3-7　小王和小刘创业的年平均回报率

从这个案例可以看出，开悟越早，启动越早，积累时间越长，价值的增长空间就越大。

虽然这个案例只是一种理想化的情况，但这种以复利形式实现增长的方式却是创业者要努力实现的，这也是从消费人进化为投资人的重要能力体现。复利计算就是对本金及其产生的利息或利润一并计算，也就是通常所说的"利滚利"。可以通过下面的投资演算来更清晰地了解复利增长的威力。

投资 10 000 元，以 30% 的复利来计算增长，20 年和 30 年后的回报额如图 3-8 所示。

初始投资 10 000 元，每年追加投资 10 000 元，以 30% 的复利来计算增长，20 年和 30 年后的回报额如图 3-9 所示。

20年	30年
1 900 496	26 199 956

图 3-8　一次投入以复利方式计算的回报额

20年	30年
8 192 150	113 489 811

图 3-9　追加投入以复利方式计算的回报额

对很多人而言，借助一个优质的营利工具让几万元甚至几十万元的本金实现 30% 的年回报并不难，但是当本金积累到百万甚至是千万级时，仍然只借助一个工具获取稳定的回报，就很难实现了。这时创业者需要学习并掌握更多营利工具，建立可靠的组合投资方式。

大额资金的组合投资通常被认为是专业人士的工作，因此，很多人都愿意将大额资金委托给专业的投资人或投资机构进行管理。

时间对每个人都是公平的，对青年人而言，是否做好时间管理在很大程度上决定自己在步入中年之前能否建立稳定的事业。创业者不仅要重视财富积累的时间，更需要在对经济规律的研究中找到事业启动和转型调整的时间。

时间管理是指通过事先规划，运用一定的技巧、方法与工具实现对时间的灵活及有效运用，从而实现个人或组织的既定目标。在 EMBA、MBA 等主流工商管理人才的教育中，均将时间管理能力作为对企业管理者的一项基本要求。时间管理中有一个著名的四象限理论，如图 3-10 所示。

3. 资源（Resources）

除了驾驭营利工具并掌控时间要素，还有一个关键要素是与事业紧密相关的，它就是资源。

这里要分析的资源更多的是侧重创业所需要的企业资源。企业资源是指任何可以作为企业选择和运用的基础事物和基本要素，如企业的资产组合、属性特点、对

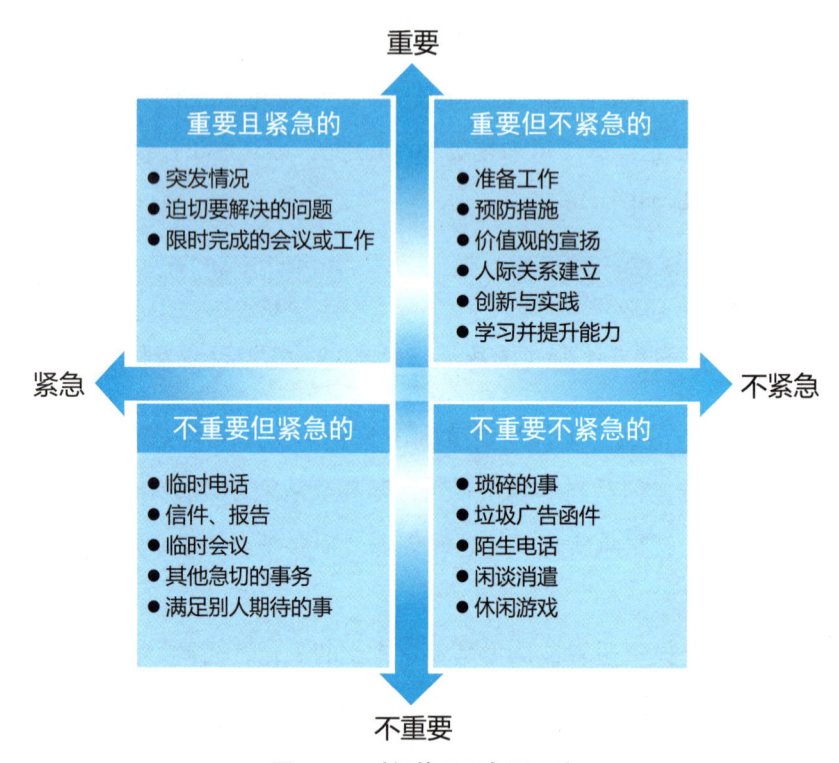

图 3-10　时间管理四象限理论

重要且紧急的
- 突发情况
- 迫切要解决的问题
- 限时完成的会议或工作

重要但不紧急的
- 准备工作
- 预防措施
- 价值观的宣扬
- 人际关系建立
- 创新与实践
- 学习并提升能力

不重要但紧急的
- 临时电话
- 信件、报告
- 临时会议
- 其他急切的事务
- 满足别人期待的事

不重要不紧急的
- 琐碎的事
- 垃圾广告函件
- 陌生电话
- 闲谈消遣
- 休闲游戏

外关系、品牌形象、员工队伍、管理人才、知识产权等等。从创业者的角度理解，企业资源可以认为是企业内部要素的综合作用形成的各种能力和企业的外部关系资源。因此，企业资源可以分为以能力发挥做支撑的内部资源和以价值交换做围护的外部资源。无论自主创业还是工作就业，青年朋友都要对企业资源有全面认知，并且还要学会合理配置资源。

为什么要配置资源？这源于人们的危机意识。配置企业资源的主要目的就是确保在遇到危险时能减少甚至消除损害，在机会来临时又能及时抓住并借此获得最大化的利益，这也是可持续思想的体现。

企业资源配置是一门高深且独立的学问。图 3-11 展示了构成企业资源金字塔的 12 类资源和能力，从这个图中可以看到，创业者最基础也最易获取的两类资源就是人脉资源和平台资源。一般来讲，只要拥有这两类基础资源，青年人就可以启动事业。需要提示的是，很多人会对人脉的理解出现误解。切记，人脉不是你认识多少人，而是多少人认识你并且认可你。创业者往往更需要有效人脉。所谓有效人脉，是指在创业的时候能为你提供精神支持和物质支持的人。平台资源也是创业者要借助和掌握的。当今时代，平台资源大致分为两类，即线上平台和线下平台。线上平台又分为电商平台、媒体平台、公共数据平台、社群平台等；线下平台主要包括各类协会、商会、商贸市场、社交群体、公会等。

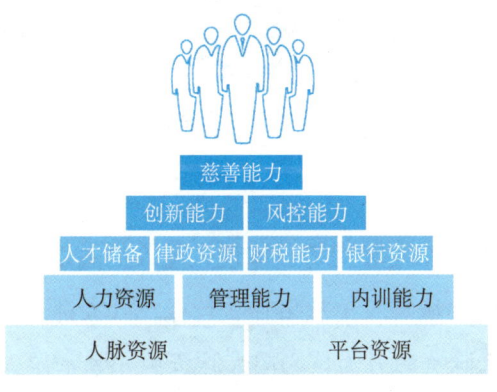

图 3-11　企业资源金字塔

为什么说企业资源配置是一门高深的学问呢？我们通过对以下几类资源和能力进行单独分析来找寻答案。

1）管理能力

管理能力是创业者最熟知的一种企业内部资源。不同的管理学说对管理能力有不同的见解，但基本都不外乎两种方式，一是靠人开展管理，二是依托制度进行管理。这两种方式各有优劣，因此很多优秀的企业喜欢把这两类管理方法综合运用。管理的主要作用是发挥企业生产要素的最大作用，尤其是人的作用。对绝大多数小微企业而言，只有通过管理激发出员工的最大能动性，才能为企业创造可观的效益。新一轮工业革命思想认为管理还可以依托程序，这就带来了更新的理论。其实，管理的最终目标是获得一种机械运行般的效应：让复杂的事情变简单，又让简单的事情重复运行。所以，任何企业都应该配置好管理能力这个核心资源。图 3-12

中将管理能力这一核心资源进行了细分。

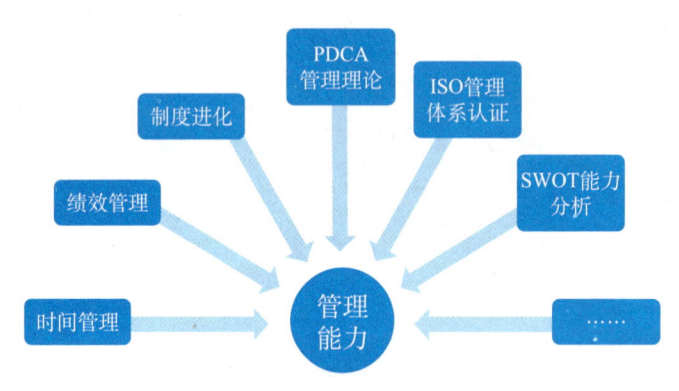

图 3-12 管理能力资源细分

2）人脉资源

人脉资源即人际关系、人际网络，体现人与人的关系、人与群体组织的关系及通过各种渠道所触及的领域。不论从事什么行业，人人都会利用人脉。根据其重要程度的不同，可以把人脉资源分为核心层人脉资源、紧密层人脉资源、松散备用层人脉资源。

人脉是一种资源和资本，狭义的理解，人脉可以转化为资本的来源。你在公司工作最大的收获不只是你赚了多少钱，积累了多少经验，而更重要的是你认识了多少人，结识了多少朋友，积累了多少人脉资源。这种人脉资源不仅对你在公司工作时有用，即使你离开了这家公司还会有所帮助，甚至会成为你创业的重要资本。拥有人脉资源之后，在创业过程中一旦遇到困难，你知道该给谁打电话。假设你是个业务经理，那么你的最大收获就不只是工资、提成及职务的升迁，更重要的是你积累起来的人脉资源，它将是你终身受用的无形资产和潜在财富。

史玉柱的创业史可以分为两个阶段——1997年之前的"巨人"和1997年之后的"巨人"。1997年之前，他天不怕地不怕，高呼口号"要做中国的IBM"，横冲直撞，最后惨败，留下一栋荒草丛生的烂尾楼，外加几亿元巨债。幸运的是，受到重创的史玉柱，除了缺钱外，似乎什么都不缺。公司二十多人的管理团队，在最困难的时候依然不离不弃，没有一个人离开。而且史玉柱手上已经有两个项目可供选择，一个是保健品脑白金，另外一个是他赖以起家的软件。

史玉柱算了一笔账，软件虽然利润很高，但市场相对有限，如果要还清2亿元债务，估计要10年；保健品不仅市场大而且刚起步，做脑白金最多需要5年。1998年，山穷水尽的史玉柱找朋友借了50万元，开始运作脑白金。史玉柱能够东山再起，人脉资源起了很大作用。

人脉关系需要创业者有主动意识地去建立，每个人都要积极主动地为自己的创业人生积累优质的人脉资源。

3）平台资源

创业者通常会把正规的商业组织看作平台。许多区域性或者行业性的商会、协会成了创业者的"大家庭"，有赚钱的机会分享给"家里人"，有困难也得到"家庭成员"的帮助。这样的平台，常常能给创业者提供很好的生存资源。现在人们常说的社交群体，也可以看作是一种平台。虽然社群的组织形式比商业组织平台松散，但大多数都有团队文化和价值观，也能做到资源共享。这样的平台会给创业者带来支撑，会聚合创业所需的资源要素。还有一类平台是初创业者更需要研究和融入的，那就是互联网电商平台，现在的电商平台既有综合型电商平台，也有细分的行业电商平台。我们常说创业者要懂得"拥抱互联网"，其内涵就是提醒创业者要找准自己的定位，融入相应的互联网平台，因为这些平台会给创业者在创业早期提供生存资源。除了以上提及的这些常见平台，创业者还要发掘并融入更多对其事业生存和发展有支撑作用的平台。如果条件允许，创业者甚至可以自己创建平台。

4）人力资源

韩愈说："千里马常有，而伯乐不常有。"这句话就是在提醒我们识人用人是一门重要学问，这门学问就是人力资源。有数据显示，超过50%的人在大学毕业3年后完全脱离所学专业。虽然现代化社会分工越来越精细，但由于技术和知识的掌握速度已经大大提升，所以进入社会工作的青年人可能会因为自己的爱好和环境的变化，改变学习与工作的专业方向。青年人具有多种专业知识和技能将成为普遍现象，这意味着灵活就业的人群数量也会持续增长。

5）内训能力

很多学者认为，经营企业的过程就是管理者教育与员工被教育的过程。这意味着经营企业应该要做好教育和培训。如果一个企业没有营造出学习的氛围，建立起培训机制，就很难让员工有获得感、成长感，甚至产生虚度光阴的失落感。如果一个企业具备内训能力，就可以让企业各级别职能更加协调，可以帮助员工提升个人的职业技能和职业素养，可以有效地为企业提供其运行所需要的各项内部能力。

6）人才储备

许多老板信奉"铁打的营盘流水的兵"这一用人理念，而且这样的思维在中国改革开放40多年来一直被创业者奉为普遍真理。但是，随着经济周期带来的洗牌和变革，很多企业家逐渐意识到，没有所谓铁打的营盘，流走的也不一定是"兵"，有可能是"将"，甚至是"王"。于是越来越多的企业家愿意付出成本为不可预知的未来储备人才，这正是现代企业具备危机意识的重要表现。企业创立之初往往对人才储备并不会太重视，因为这时企业首先要考虑的是生存，人才的储备会增加财务负担，但是随着营利工具的增多与完善，利益的获取难免会涉及新的专业领域，此时人才储备的必要性就会体现出来。创业型公司不像国有企业和大型民营企业那样对人才有较强的吸引力，能真正融入创业团队、与企业有共同价值观的往往是参与共同创业并一起同甘共苦的伙伴。

腾讯、阿里巴巴、京东、百度、华为、格力等这些大型企业之所以能建立跨专业甚至跨行业的发展局面，人才储备起到了至关重要的作用。

如果说人力资源是让人才推着公司这辆战车前进的话，人才储备就是提前让人才坐进战车内，不仅能在关键时候为公司所用，还可能创造新的巨大价值。

7）律政资源

所谓律政资源，顾名思义就是司法和行政方面的资源。在创业过程中，管理者需要让企业在生存和发展两个方面交替运行，律政资源是在企业发展方面最需要的资源之一。因为当一个企业在扩张发展的时候，往往会运用多种营利工具和各种商业手段获取资源与利益，也自然会涉及投资和融资方面的运作，所有这些商业运作都可能会影响其他企业和组织的利益，难免产生利益纠纷和发展阻碍，甚至会出现巨大的危机。

下面将通过一个案例来说明律政资源的重要性。

王先生在2014年响应国家"双创"号召，采用当时流行的众筹方式购买了一处位于市中心的价值2 000万的商用物业，用于经营咖啡吧，来自各个行业的近百人参与了众筹。根据预测，参与众筹的股东年投资回报率可以达到20%。王先生成立了以他为核心的运营团队，该团队对项目运营有决策权。

2015年，王先生和核心运营团队为了更快地给到投资人回报，决定将物业资产抵押给某银行，获得的资金用于一个回报更快的餐饮项目。但由于经济环境、行业竞争和经营管理的多重因素影响，导致这两个项目都运行艰难。2015年，王先生既没有按照承诺给到"众筹股东"收益，也没有按时归还银行的贷款以致违约。此后，部分众筹者联合起来起诉了王先生及核心运营团队，罪名包含非法吸收公众存款。在审判期间，各方势力介入。因为物业产权是在王先生与核心团队成员私人名下的，因此，银行极力支持众筹者的诉求，只要"非法吸收公众存款罪"成立，银行就能够以债务违约和不安抗辩为由，快速处置抵押物。经过两年的时间，当初价值2 000万的商业物业，实际已经增值到3 000万了。

这个案例故事是如何进展的？王先生与核心成员及众筹者的命运最终又如何？作为一个开放式结局的案例故事，结果怎样不是我们关注的重点，通过了解这个案例，创业者要充分认识到律政资源对创业发展的重要性。

8）财税能力

对于一个企业来说，财税能力不仅仅是指做好财务记录并合理高效地完成税务申报，更多的应该是一种战略规划能力，因为企业成长的各阶段的重点目标都体现在财税数据上。有些优秀的企业甚至把财务部门制定的指标作为核心，其他部门都围绕这个核心运作。如果能灵活运用财税能力，还会收获一些意想不到的正面价值和效益，这需要创业者在创业过程中自己去发现。

9）银行资源

正常情况下，每个公司在注册的时候都已经和银行建立了联系，那就是开设基本账户，但是绝大多数创业者没有持续深入地与银行建立业务往来，更没有意识到银行机构也是重要的创业资源，不得不说这是一件令人遗憾的事情。一些创业者直到宣布创业失败的那一刻，依然不知道银行在望眼欲穿地等着他们去申请贷款。虽然有成本的贷款资金可能会让困境中的企业扭转乾坤，也有可能会加速其失败，但无论如何银行确实能为困境中的企业注入资金活力。其实银行资源的作用不仅仅只是提供贷款，通过下面的案例可以进一步了解银行资源的作用。

赵先生在食品城做粮油批发生意，经过几年的经营，业务稳定。赵先生的下游客户中有很多大型饭店和星级宾馆，有些饭店和宾馆在付款的时候都不会支付现金，而是支付银行承兑汇票，这些汇票在银行正常兑换现金的期限基本在3个月以上。赵先生的粮油批发业务利润不高，这样的情况使得他资金周转的压力很大。赵先生销售的粮油产品是从几个国有企业进货的，他了解到这些国有企业同样可以收取银行承兑汇票作为货款，但只收取几家大型银行开据的。于是赵先生就来到其公司的开户行——农业银行进行洽谈，银行了解了赵先生公司的经营业绩和上下游企业的资质后，同意给赵先生办理银行承兑汇票支付业务，赵先生只需要把其公司的资金归集账户固定在该银行即可。在得到银行的支持后，赵先生有了充足的流动资金，业务又得以继续扩大。

10）创新能力

我们所讲的创新能力可以进一步细分为两种能力，一是**品牌建设能力**，二是**研**

发能力。

品牌建设能力最直观的体现就是商标注册和保护，研发能力最直观的体现就是专利认证与保护。

（1）品牌的价值。

麦当劳公司的总部坐落在美国伊利诺伊州，是全球规模最大、最著名的快餐集团之一。从1955年创始人雷·克洛克在美国伊利诺伊州的德斯普兰斯开设第一家餐厅至2017年底，麦当劳在全世界超过120个国家和地区开设了超过37 000家餐厅，并且仍在迅猛发展。麦当劳的"金拱门"标志早已深入人心，麦当劳也成为我们最熟知的世界品牌之一。麦当劳在BrandZ全球最具价值品牌排行榜连续十一年排名前10名。

在互联网时代，以人的个性特长作价值依托的品牌建设成为了新靓点，"网红""大V"成为了独特的品牌称号，这样的品牌建设方式也是创新能力的体现。

（2）专利的价值。

在WCDMA\CDMA设备方面，高通公司曾向中国企业收取整机价格3%左右的专利费。根据高通财报，2013年前三季度，高通的专利费授权收入达到70多亿美元，是其主要的利润来源，其中40%以上来自中国。进入4G时代后，采用高通"4G五模十频"芯片组方案生产手机的企业要交5%的专利费。只要使用高通的芯片，就要向其缴纳高额专利费。

专利申请有以下三种类型。

发明专利：是指对产品、方法或者其改进所提出的新的技术方案。

实用新型专利：是指对产品的形状、构造或者其结合所提出的适于实用的新的技术方案。

外观设计专利：是指对产品的形状、图案或者其结合及色彩与形状、图案的结合所做出的富有美感并适于工业应用的新设计。

如今，商业模式的创新也被认为应该得到保护，因为创新能力是产业升级的重要支撑，所以各级政府也积极为符合要求的创新企业提供资金和资源。

11）风控能力

风控能力是风险控制能力的简称，它可以被理解为一种财经素养或财经能力。网络上流传李嘉诚的养生经验，他每天 6 点起床，锻炼 1.5 小时。其实李嘉诚这样的习惯不仅仅是为了养生，更重要的是他可以在早晨 6 点就掌握到最新的全球财经资讯。李嘉诚也曾坦言，这样的习惯对他的事业有巨大的帮助。作为创业者，要时刻了解与自己有关的自然环境、政治格局及宏观政策方面的资讯，因为这些方面引起的风险往往是不可抗拒的。

12）慈善能力

很多创业者会认为，做慈善不就是捐钱捐物吗？还需要啥能力？有钱不就是能力吗？如果创业者这样理解，不仅做不好慈善，还有可能好心办坏事。俗话说"授人以鱼不如授人以渔"，当创业者及其企业有实力做慈善的时候，不要简单地解决某些人的物质需求，而是要帮助某个群体或者某个区域提升创造力和发展空间。

通过下面的案例可以更进一步了解慈善能力的作用。

刘总一直经营建筑劳务公司，积累了不少资本。2014年很多大城市建筑行业不景气了，刘总发现其家乡县的项目很多，但该县很多老板都不愿意参与。原因是该县贫困，财政吃紧，当地老板担心做了项目却拿不到资金。刘总主动对接家乡政府，表示愿意参与家乡建设。他和政府谈的条件是：与政府共同成立一个地方扶贫建设基金，他把每个项目 70% 以上的利润捐给该扶贫建设基金，但政府财政必须确保每个项目的人工费、材料费、机械费、管理费按时支付。对这样的方案，地方政府自然很乐意接受。短短几年，刘总就成了当地的明星企业家。

关于慈善能力的运用，在中国还有很多企业家的做法值得研究和学习。

慈善能力作为资源配置中的顶层能力，具有独特的价值和意义，这是创业者需要谨慎运用的创业资源。我们认为，青年人群是一个在身份定位和资源匹配方面相对独立、在专业方向和价值观取向方面又很分散的群体。只有通过艰苦创业，提升社会地位和资源支配力,成为创业榜样,榜样带动也是一种慈善。

俗话说:"兵来将挡,水来土掩。"创业者如果逐步配置了上文所述的企业资源,对于创业过程中遇到的危险和机会都可以起到很好的应对作用。比如经常遇到的"大生意"机会考验创业者的资金和资源调集能力,这通常可以利用人脉资源进行应对;对于员工流失这样的风险,人力资源和人才储备都能起到很好的应对作用;对于政府补贴和扶持这样的机遇,恰恰就是对企业创新能力的检验。

(三)资源配置的互联网思维

关于互联网思维,学术界对此拥有众多观点和解读。

互联网思维,就是在互联网、大数据、云计算等科技不断发展的背景下,对市场、用户、产品、企业价值链乃至对整个商业生态进行重新审视的思考方式。

最早提出互联网思维的是百度公司创始人李彦宏。在一次大型活动上,他与传统产业的企业家探讨发展问题时,首次提到"互联网思维"这个词。他说:"我们这些企业家们今后要有互联网思维,可能你从事的行业不是互联网,但你的思维方式要逐渐转变为从互联网的角度去想问题"。现在很多年过去了,这种观念已经被越来越多的企业家甚至企业以外的各个领域的人所认可了。"互联网思维"这个词也演变成多个不同的解释。

互联网时代的思考方式,不局限于互联网产品、互联网企业。这里提及的互联网,不单指桌面互联网或者移动互联网,是指泛互联网。因为未来的网络形态一定是跨越各种终端设备的,包括台式机、笔记本电脑、平板电脑、手机、手表、眼镜等等。

互联网思维的六大特征:大数据、零距离、趋透明、慧分享、便操作、惠众生。

互联网时代的三次进化:

(1)Web1.0,门户时代。这个阶段的典型特点是信息展示,基本上是一个单向的信息传递。从1997年中国互联网正式进入商业时代到2002年这段时间属于Web1.0时代,其代表有新浪、搜狐、网易等门户网站。

（2）Web2.0，搜索、社交、电商时代。这个阶段的典型特点是用户生产内容，实现了人与人之间双向的互动。例如：博客中国、腾讯微博、新浪微博、今日头条等都可以使用户的信息交流和个性表达生成海量的内容；电商平台也是这个时代的产物，在依托直接交易需求基础上形成了人与人的双向互动。在这个时代，互联网活动积累了大量数据，为下一阶段的进化提供了条件。

（3）Web3.0，大互联时代。这个阶段的典型特点是多对多交互，不仅包括人与人，还包括人机交互及多个终端的交互。目前仅仅是大互联时代的初期，而真正的大互联时代一定是基于物联网、大数据和云计算等技术支撑的智能生活时代，可以实现"每个个体、时刻联网、各取所需、实时互动"的状态，这将是一个在"以人为本"的互联网思维指引下的新商业文明时代。

有学者认为，未来的企业要互联网化，要有互联网思维，无法运用互联网思维解决问题，就很难在经济和社会竞争中取得优势和胜利。

这里需要说明的是，不是因为有了互联网，才有了这种思维，而是因为互联网的应用和发展，使得这种思维得以集中爆发。

所谓互联网思维，可以从两个方面进行理解：一是对互联网技术和互联网工具的学习与运用；二是研究互联网技术和工具对人们的生活方式和思维方式产生哪些影响，创业者需要跟踪研究这些影响会形成怎样的市场趋势和行业变革。

计算机和互联网技术的普及被称为继蒸汽技术、电气技术变革之后的第三次工业革命，开创了信息时代和互联网时代。每次新的工业革命爆发的周期都比前一次更短。有专家预测，第四次工业革命是以人工智能、清洁能源、机器人技术、量子信息技术、虚拟现实技术及生物技术为主的全新技术革命。按照这种说法，第四次工业革命已经悄然来临。

每次工业革命都不是完全替代或抛弃之前的技术，通常会经历两个步骤：首先是在之前的基础上形成大量的创新技术和创新应用；然后，这些技术和应用中的少数脱颖而出并快速普及，成为人们生活中不可或缺的技术和应用。比如，对大数据进行深入开发形成人工智能技术；又如机械制造工艺的不断升级与信息技术的逐步结合产生了机器人技术。近几年，横空出世的区块链技术正在改造传统互联网的数据交互方式，不少科技巨头也纷纷申报了区块链技术专利，这一互联网底层技术的悄悄变革，能给互联网时代带来怎样的变数呢？我们都要拭目以待。总之，在所谓的后互联网时代，配置企业资源需要更具前瞻性的思维。

图 3-13 反映的是支撑未来互联网行业的四大基础技术。尽管不少人认为有些技术还处于概念阶段，但其中每个技术领域都可能孕育出"独角兽"企业。随着 5G 及更先进的通讯技术的普及，这四大信息技术的综合运用会让世界快速进化到"科幻"时代，那时的世界，无论天空之上还是陆地之下、无论雪山之巅还是大洋深谷，信息传输没有死角，智能化科技设备随处可见，那也将是万物互联（物联网）的时代。

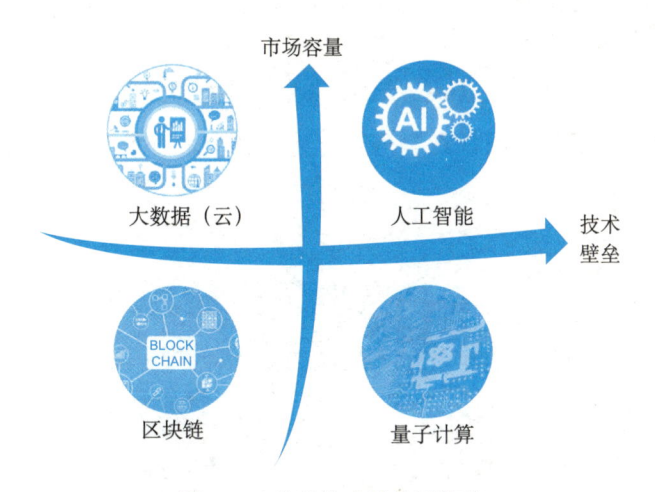

图 3-13 信息技术的发展趋势

推荐青年朋友们观看中央电视台播出过的纪录片《互联网时代》，从中可以更好地了解互联网并拓展互联网思维。

企业资源配置是一项重要的、持续不断的工作。随着企业不断成长，其生产和经营规模不断扩大，此时不仅需要升级企业自身的资源，还需要与更多外部资源进行灵活整合。

组成企业资源塔的 12 类资源包含大量的理论知识，一个人很难在短时间完全消化这些知识，因此我们不得不承认，开创事业绝不是一个人的事情。我们对事业一词要有这样的理解：事业就是把一个人的事发展成更多人一起做的事。

在12项企业资源中，有些主要是解决企业生存的，有些是对企业发展有帮助的，创业者需要根据自己事业的进展逐步配置企业资源。营利工具、时间、资源这三个要素需要充分结合，才能使一项事业依托企业的运作成功开启。

《孟子·公孙丑下》中写道："天时不如地利，地利不如人和。"《孙膑兵法·月战》中写道："天时、地利、人和，三者不得，虽胜有殃。"古代哲学思想认为：事业道路上，天时、地利、人和是事业的三要素，它们涵盖了创业所需的一切条件。天时是事业的伯乐与发展机遇；地利是事业发展的环境及条件；人和是事业的综合实力，也是成功的关键。

把"天时、地利、人和"三要素思想融入"营利工具、时间、资源"三个全新定义的创业要素中，可以帮助创业者更好地学习创业理论，提升创业思维。

当一个事业被建立起来，其运行过程会受到多种因素影响，如何让事业"可持续"，这是后面章节要分享的观点和理论。青年朋友们在此处可以借助图3-14做一个简单了解。

图3-14 可持续思想与三要素的关系图

为了加深对企业资源的认知，请读者完成下面几个小游戏和练习题。

游戏一、自我测评。

结合对关注行业的研究结果评估自己规划创建的营利工具等级，见表3-1。

表 3-1　自我测评表

等级 项目	A 级	B 级	C 级
团队资历	综合得分 70 分以上	综合得分 50—70 分	综合得分低于 50 分
经营位置	*生产地点：政府规划的大型产业园 *销售或服务地点：成熟的专业市场；符合选址标准的街铺；区域内大型商业综合体内的店铺；符合选择标准的甲级写字楼	*生产地点：工商部门行政认可的小型工业园 *销售或服务地点：新建的专业市场；大致符合选址标准的街铺；区域内中小型商业综合体内的店铺；较符合标准的普通写字楼	*生产地点：郊区民房及临时加工棚 *销售或服务地点：老旧专业市场或区域；社区内的店铺；临时建设的商业市场内的店铺；可以作办公用途的各类住宅
准入条件	对机构和人员均有准入资格要求（政府监督）	对机构有准入条件要求，对人员有水平评测要求（平台监督）	对机构无准入条件要求，对人员也没有水平评测要求
目标范围	全球、全国	全省、全市	附近生活社区
需求层级	大众群体的刚性需求	特定群体的刚性需求	特定对象的个性需求
需求周期	超过 10 年	10 年以内	临时需求
产品属性	*产品和服务是自主研发、生产，有专利、品牌保护 *知名品牌的产品及服务的一级代理	*产品和服务是自主研发、生产，但无专利、品牌保护 *知名品牌的产品及服务的二级代理 *普通品牌的一级代理	*模仿、贴牌生产 *知名品牌产品零售经营权 *普通品牌产品及服务的二级代理或零售经营权
宣传渠道	通过国家级媒体和高收视率地方媒体做宣传；在大型门户网站推广；有自媒体工具及粉丝运营体系等	通过普通民营商业媒体进行小范围内宣传；在小型综合网站及专业网站推广；有自媒体工具	无传媒宣传；有张贴广告、传单广告等宣传方式；无自媒体工具
交易途径	统一线上交易	线上、线下交易结合	仅线下交易
商业效益	毛利率 > 60%	30% ≤ 毛利率 ≤ 60%	毛利率 < 30%

自我测评得分计算方式：共有 10 个评估项目，每个评估项目有 A、B、C 三个对应等级。每个项目选 A 得 10 分；选 B 得 5 分；选 C 得 2 分。总得分 85 分以上判定该测试者的营利工具为 A+ 级；70—85 分判定该测试者的营利工具为 A 级；55—69 分判定该测试者的营利工具为 B+ 级；40—54 分则判定该测试者的营利工具为 B 级；

0—39 分判定该测试者的营利工具为 C 级。

游戏二、连线游戏。

如图 3-15 所示，把左侧描述的内容与右侧的创业资源名称正确连接起来。

经常参加社会交流活动，结交各行业朋友	人力资源
研发新技术、新应用并申请相应的专利，给企业申办行业特许资质	风控能力
虽然没有合适的岗位，还是把品格优秀、专业上能独当一面的人才留在公司，以备企业发展所用	管理能力
企业内部建立培训机制，开展入职培训、技能培训、业务培训等，有效提升员工的综合素质	人脉资源
经常利用闲置资金购买银行的金融产品和金融服务，与银行建立合作共赢的关系	慈善能力
加入慈善组织，参加慈善活动，为慈善事业提供支持	人才储备
与招聘机构和平台建立业务合作，经常发布岗位信息，收集求职者资料并择优录取	创新能力
聘请优秀的律师当法律顾问，协助制定并审核用工合同、业务合同、管理制度等，从法律层面规避公司的内部和外部风险	财税能力
制定并实施管理制度和激励制度，让员工有目标和责任意识，对企业发展充满信心，工作效率高，人心稳定	银行资源
把商品和服务发布在合适的线上平台；加入商会、协会并与之保持紧密联系；与展销会、博览会运营机构建立合作，拓展信息渠道	律政资源
培养核心成员的财经素养，持续关注时政消息和财经资讯，对经济规律有研究能力，对经济政策有解读能力，能识别和规避潜在的风险	平台资源
提升财务人员职业素养和工作技能，让财务人员借助相应资源为企业降成本、提效益、避风险	内训能力

图 3-15 连线游戏

游戏三、拼图作业

把连线作业中正确的答案填写在图 3-16 所示创业资源塔的正确位置。

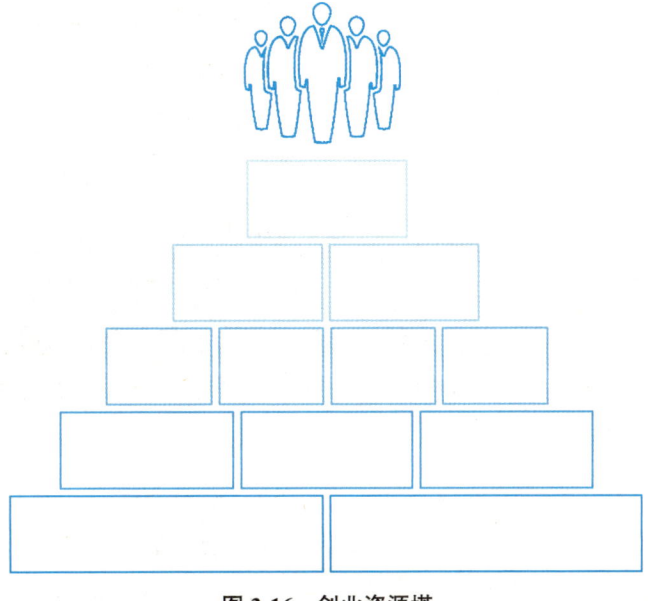

图 3-16 创业资源塔

导师提示：边完成作业、边思考总结，领悟创业资源配置的逻辑性和重要性，提升对创新创业理念更深刻的认知。

企业危机应对练习题

1. 公司的几位基层员工打算离开公司,管理人员经过沟通仍然无法挽留。人员流失会导致当期利润减少50%。以下哪项企业资源能有效抵御此风险?(   )

  A. 人脉资源 B. 平台资源 C. 人力资源 D. 内训能力

2. 员工缺少主观能动性,工作没有目标,成效差,长期发展下去会导致企业每期利润都减少20%。以下哪项企业资源能有效抵御此风险?(   )

  A. 内训能力 B. 风控能力 C. 人才储备 D. 管理能力

3. 公司业务蒸蒸日上,为了更好地发展,需要搭建企业内部的平台,以建立起既相对独立又相互协作的平行部门架构。以下哪项企业资源能有效支持企业的平台建设?(   )

  A. 平台资源 B. 内训能力 C. 律政资源 D. 创新能力

4. 快速为企业增加商品、服务和系统三类营利工具后,企业的当期利润可提高一倍,前提是需要有随时到岗的熟练人才。以下哪项企业资源能为此提供有效支持?(   )

  A. 内训能力 B. 风控能力 C. 人才储备 D. 管理能力

5. 当地政府对创业项目有相应的政策扶持,获得补贴资金可帮助公司使每期经营利润都加倍,前提是公司必须拥有相关的发明专利。以下哪项企业资源可以为此提供有效支持?(   )

  A. 管理能力 B. 平台资源 C. 创新能力 D. 内训能力

6. 公司突然接到一笔大业务,完成这笔业务使当期利润可提高两倍,但需要临时借用一笔资金。以下哪项企业资源能为此提供有效支持?(   )

  A. 人脉资源 B. 平台资源 C. 银行资源 D. 内训能力

7. 与企业的上下游建立战略合作,既降低成本、提高利润,又能缓解现金流压力,可使每期利润都提高50%,前提是与上下游企业达成承兑支付协议。以下哪项

企业资源能为此提供有效支持？（　　）

  A. 平台资源　　　B. 风控能力　　　C. 银行资源　　　D. 创新能力

  8. 公司的多笔业务出现对方违约，原因是合同条款不够严谨，存在争议，如果不能得到妥善处理，会导致当期利润为零。以下哪项企业资源能有效抵御此风险？（　　）

  A. 平台资源　　　B. 内训能力　　　C. 律政资源　　　D. 创新能力

  9. 政府行政管理部门突然对行业开展大检查，对不规范的经济活动开展调查和整改，倘若应对不当，会导致每期利润下降20%。以下哪项企业资源可有效规避此风险？（　　）

  A. 人脉资源　　　B. 平台资源　　　C. 银行资源　　　D. 风控能力

  10. 没有做好财务规划，现金储备不足，会影响业务开展和项目进度，导致企业当期利润减少50%。以下哪项企业资源可有效规避此风险？（　　）

  A. 平台资源　　　B. 财税能力　　　C. 律政资源　　　D. 创新能力

青年学子创业之道

此刻，也许很多人会问为什么企业资源中没有"金钱"这个要素呢？其实，人脉资源就是隐含的金钱要素，所以有"人脉就是钱脉"这一俗套的说法。金钱要素对于宏观的创业理论来讲，只是辅助要素。大多青年人几乎没有足够的可自由支配的金钱作为创业资本，也不具备驾驭资本的能力，所以通过积累人脉资源并逐渐转化真正的创业资本是必经的过程，更何况，刚开始创业就让青年创业者驾驭大额资本，不一定能起到好的作用。

真正适合大多数青年人的创业方式，还是逐步运用各类营利工具，结合基础的人脉和平台资源开创事业格局。在当今社会，几乎可以以"零投入"获取营利工具中的产品和服务这两项载体。

如果说拥有一定额度的金钱对于青年创业者来讲是一份额外保障的话，下面这个案例（见图3-17）可以为青年创业者建立这种保障提供一些启示。

小刘和小王的故事
两个青年人的大学生活

① 18岁高中毕业　小刘　考入同一所高校成为同班同学　小王

② 某天在校园遇到一位业务人员　OK！　OK！　想办信用卡吗？额度至少5000元！　小刘　小王

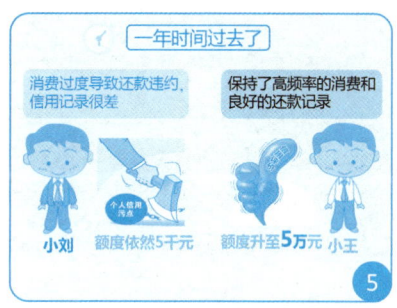

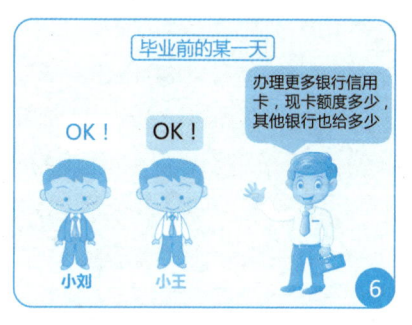

图 3-17 青年创业者获得基础资本的案例

第四章
培育创业的土壤

关键词：

平台　商学院　圈子＆社群　学习＆实操　创业理论
首要需求　创业土壤　财富效应　零和游戏

一、创业者平台

中国青年的创业成功率很低，究其原因除了前文提及的财富观思维、人格商数、认知盲点、经济规律等因素外，还有一个重要的因素——创业者平台，也就是可以让创业者学习、实操、获取资源的平台。

通过对前面章节内容的了解，我们可以认识到创业是一门独立的学问。如果一个人刚完成学术教育和职业教育就直接创业，大概情况是会经历惨痛的失败。对青年创业者来说要么在一个创业教育系统中主动学习并模拟实操直至成为合格的创业者；要么直接投入真金白银在事业上从而通过经历损失和教训的方式来锻炼自己，实际上，就算通过这种高成本自我锻炼的方式也不一定能让自己成为合格的创业者。

PYE（The Path of Youth Entrepreneurship，青年学子创业之道）创业教育旨在帮助中国青年纠正和补足重要的创业理论；指导创业者通过精准的训练获得体面的职业和可持续的事业；引导创业者遵循规律，懂得如何创造价值，如何获取并积累财富；提升青年创业者的人生格局，使其能真正成为具有企业家精神的新时代创业者。虽然目前没有统一的标准来评估合格创业者应具备的素质和能力，但建立并运行一套完整的创业教育体系并总结出有效的评估方法是PYE一直在做的工作。

无论创业者的事业属于哪个行业、资源在哪个层级、价值在何种高度，寻找并融入合适的创业者平台是必须要做的事情。创业者平台没有特定的组织和形式，但常见的创业者平台大致有两种形态，即商业社群和商学院。

（一）商业社群

商业社群是指从事同类商业活动或者具有相同商业理念的创业者聚集在一起，遵循形成共识的规则并进行交流合作的平台。

在互联网创业还未大行其道之前，商圈商会、行业商会、行业协会就是商业社群的主要形态。除此之外，如商帮、老乡会、宗亲会等也兼具商业社群的属性。

商业社群不是现代社会的产物，从古至今一直存在，中国古代就有十大商帮一说。其中，晋商、徽商和潮商的影响最大。经过500多年的商业洗礼，潮商已经成为中国实力最大、影响最深远、唯一没有断代的大商帮，是华人世界中最富有的商业社群之一。

21世纪初，一批依托互联网思维和互联网工具创业的商人，为了聚合力量打破固化的财富藩篱，积极投身新一轮工业与科技革命，逐渐形成了独具特色的商业理念和商业社群。这些商业社群的出现，加快了商业新群体的形成，加速了产业变革，并且让中国在全球互联网时代实现了弯道超车，某些领域赶超了发达国家。

并非只有成功的企业家才能建立和拥有商业社群。在社交工具带来便捷交流的同时，商圈也从有形逐渐变为无形，社交工具降低了创建商圈的成本，与之配套的其他互联网工具又简化了商业交易的流程。于是，所谓的"微商经济""分享经济""共享经济"等理念孕育出众多的商业社群。尽管有不少社群存在商业模式和规则方面的缺陷，甚至暗藏风险，但却可以让普通创业者事半功倍地拓展资源并开展交易活动，这样的商业社群已逐渐成为稳就业促创业的重要推动力量。

其次是一些成功的企业家以其独有的影响力整合行业人脉与资源形成的商业社群。这类商业社群更多的是采用资本运作的方式创造价值、获取财富，以求在保障自身企业稳健发展的基础上，对行业整体发展能起到促进作用，金融财团、传统商帮、高端商学院、国家级协会等就属于这类商业社群。

还有一类层级更高的商业社群，这类商业社群是以国家实力和信用作依托，以维护国家形象和利益、拓展国有企业在国际上的发展空间为目标的商业社群。这类商业社群在西方多以财阀的形式存在，中国则有所不同，因为中国遵循共商、共建、共享的理念开展国际交流与合作，因此由中国感召建立或参与发起的商业社群对促进世界共同发展作用巨大。比如：亚投行（AIIB）、博鳌亚洲论坛（BFA）、丝路基金等。

（二）商学院

创业者平台另一种更好的形态就是商学院。在前面的章节中介绍过：**思维观念和行为习惯是影响创业者的两个最主要因素**，这两个因素的形成又与人格商数密不可分，而商学院就是为训练创业者的人格商数而建立的。

事实上，绝大部分当代优秀的企业家和投资家在开创事业之前或是在经营事业期间都进入过商学院学习。

目前中国有众多的商学院，大致分为两类：一类是传统高校依托自身资源建立的商学院，如北京大学光华管理学院、清华大学经济管理学院等；另一类是社会上一些商业组织根据自身需要建立的目的性更强的商学院，如阿里巴巴商学院、腾讯商学院等。每年都有第三方机构对这些商学院的就业能力、创业能力和学术能力进行排名。

优秀的商学院看似很多，但大多数资源丰富、学术先进的商学院服务的群体却不是青年创业者，而是事业相对成功的人士。这些商学院甚至给那些拥有成就的创业者传达一个独特的认知：虽然很富裕，仍不够伟大。于是这些创业者和企业家继续疯狂地赶路，头也不回。

中国每年有超过 800 万大学毕业生进入社会，这还不包括中职毕业生等，如果加上年青的退役军人，总数更多。这些把青年人同步抛向社会的学校和组织，有没有能力建立创业者平台帮助青年人呢？答案是肯定的，但现在很多学校并没有建立相应的创业者平台。那些开设了创新创业学院的传统学校又如何呢？它们一方面没有运用适合于自身的创业教育理论作为学术支撑；另一方面，在思想上没有对创业者平台的价值和意义高度重视，很难培育真正的商业人才和创业团队。编者认为，只有在先进学术支撑下的创业者平台或者商学院，商业社群才会快速稳固地建立，有价值的信息才能被交流分享，创业资源才能被有效整合，商业人才和创业项目才能应运而生。

创建并经营好商学院是当代传统高校的首要任务。随着青年人口总量和比例的逐年减少，生源竞争日益加剧，商学院将会成为确保这些传统高校可持续发展的重要价值支撑。

如何帮助学校或其他机构建立适合16—35岁阶段青年的创业商学院是PYE学术研究的目标。编者认为，这样的商学院应该把先进的理论和精准的实操有效结合，在整个培训过程中建立俱乐部式的氛围。在具有共同价值观的俱乐部式的社群里，创业者可以通过积累人脉、积累信用、创造条件、整合资源，获得创业的资源和人生财富。若缺少独特的培训和精准的实操，优秀青年的创业普遍需要5—8年，并且其创业后的持续性较差，而PYE的目标是将创业时间缩短到一年左右并且让其创业后的持续性更好。

通过完整的商学院培养体系，力求使20%的学员成功创业，80%的学员体面就业，而且这些学员还能具备优秀企业家和创业导师的必备素质。

也许你正"攻城拔寨"、全力打拼自己的事业，也许你已功成名就、手握大量资本和资源，又或许你位高权重、可以影响政策的方向，请您们关注青年创业者，因为这个群体蕴含巨大的能量和价值。也许他们的人生命运和事业足迹表面上与您毫无交集，但是，自然规律与社会法则告诉我们，没有人能做到凭空获取社会财富而不消耗社会资源，因为生命的本质就是"呼吸"，为后一辈创业者培育和贡献有价值的创业资源，才是我们人生价值的最大体现。

二、创业土壤

（一）学术理论

众所周知，青年人有两大首要需求：**体面就业**和**成功创业**（见图4-1）。

我们定义的体面就业：有自己可实现的人生理想和财富目标，成为企业资产型人才，或是成为股东、合伙人，简单地理解就是获得**创业帮扶**。

我们定义的成功创业：组建稳定的核心团队自主创业，有自己可实现的人生理想和团队共同达成的财富目标，团队有能力让其事业**可持续地发展**。

图 4-1　青年人的两大首要需求

实践表明，有效解决上述需求需要提升青年人的思维和能力。青年人的思维和能力进化目录如图 4-2 所示。

图 4-2　青年人的思维和能力进化目标

创业是**一门独立的学问**，这套学问应该帮助创业教育实现以下三个方面的目标。

1. 启发智慧

补缺观念盲区：通过前面章节的介绍，我们发现中国青年还有一些观念盲区，这些由于自我认知不足及对商业世界的未知而形成的盲区，需要通过独立的创业教育进行补缺。

升级已有观念：随着社会的发展、新事物的出现会催生新的观念和认知。创业者在观念上要做到与时俱进，只有这样，才能不断提升自己的认知能力和适应环境的能力。

萌生创业智慧：通过学术教育和职业教育的培育，青年人的"智"总体已经很优秀，而"慧"则需要通过独立的创业教育才能真正培育出来。

慧字上面的两个"丰"字分别代表国事和天下事，中间的"彐"字代表家事。从字面上看，**把家事、国事、天下事都放在心上，称之为慧。**

2. 开创事业

研究商业逻辑：创业者需要持续研究相关行业乃至整个商业环境的运行逻辑，这样才能发掘并获取创业所需的各种资源要素。

探寻价值规律：无论是唯物主义还是唯心主义，都不否认规律的存在。规律往往是必然性结果背后的客观原因，在宏观宇宙和微观世界里都存在事物运行规律，在商业活动中也有价值规律可寻。探寻规律并遵循规律，才能让创业要素不断汇聚并有效融合。

捕获创业机遇：资源要素的汇聚首先会促进营利工具的形成，有了营利工具，创业者便可以更广泛地开展资源整合。至此，资金流、信息流、客户流、商品流，川流不息，接下来的工作是建立自己和团队的创业进化目标，并借助有价值的资源为目标服务。

3. 收获财富

创业者在建立自己的事业之后，需要有效地整合资源，进行充分的价值交换，通过时间的积累把其事业价值逐渐转化为人生财富，其中包含有形的物质财富和无形的精神财富。在后面的章节中将会介绍人生财富主要蕴藏在职业、家业和事业之中。

（二）财富效应

创业就好比让梦想这颗种子破土而出，只要有足够的营养，它就有可能长成参天大树。在我国现有的创业教育模式中，有政府主导的普及型创业教育，也有贴近市场的商学院教育，这两种教育共同存在的问题是，它们的学术理论不能大范围地解决青年体面就业和成功创业的需求，培养的职场精英和创业榜样数量较少，同时没有总结出典型经验。对于财富效应，有学者认为就算是中国顶尖的创业者，似乎也没有真正实现社会财富的创造与分享，其商业形态的本质上还是"零和游戏"。

零和游戏也叫零和博弈，是博弈论的一个概念，属于非合作博弈。它是指参与博弈的各方，在严格竞争下，一方的收益必然意味着另一方的损失，博弈各方的收益和损失相加的总和永远为"零"。零和博弈的结果是一方吃掉另一方，一方所得正是另一方所失，整个社会的利益并不会因此而增加。

财富效应是现代社会发展过程中提出的新理念，所谓财富效应是指某种财富的累积存量达到一定规模后，必然产生对相关领域的传导效应或者是控制效应。

通常所说的财富包括两种直观的形式：金融资产和实物资产。财富的增加或减少意味着两种资产总额的净增减。

有学者认为，在我国，广大人民群众的爱国热情、归属感、获得感、对经济发展的信心等，都是宝贵的精神财富，而这种不以实际物质单位计量的财富，其财富效应更加明显，更能带来传导和控制效应。

财富效应有积极和消极之分，如果社会财富以健康的方式增长并得到合理的分配，就是积极的财富效应。如果社会财富以"零和游戏"的方式此消彼长、出现垄断局面或财富分配不合理，都是消极的财富效应。

如何让创业资源形成财富效应，编者在此可以提供一个很简单的思考逻辑。由创业资源金字塔理论可知，一个创业主体所要配置的最顶层创业资源是慈善能力，慈善能力怎样才能帮助后一代创业者呢？就是把慈善主体转化为底层的人脉资源和平台资源。这样循环起来，便可以为新一批创业者提供创业资源，创业资源也就生生不息了。图4-3直观地解释了创业资源配置如何形成生生不息的财富效应。透过这样的理念，我们会发现在中国有大量的公司或组织自身已具备孵化器的基本功能。

财富效应可以简单地理解为，**不是独自赚取社会财富展示给别人看，而是有格局的创业者们共同创造财富与更多人分享**。

第四章 培育创业的土壤

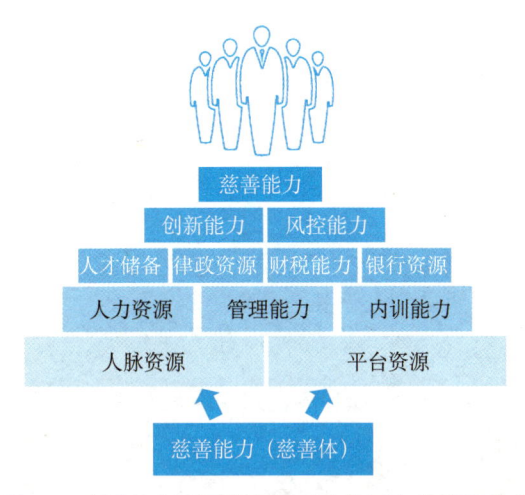

图 4-3 创业资源配置如何形成生生不息的财富效应

如果借助传统的智慧学说对"核心思想和三大要素"理论做一个具象化总结，我们可以把资源配置的每一层看作一爻（yáo），最下面隐藏的一爻就是营业主体与营利工具，如图4-4所示。对智慧学说有深入研究的人，能通过这种具象化的工具对创业要素进行评估，这对创业者能够起到较好的指导作用。

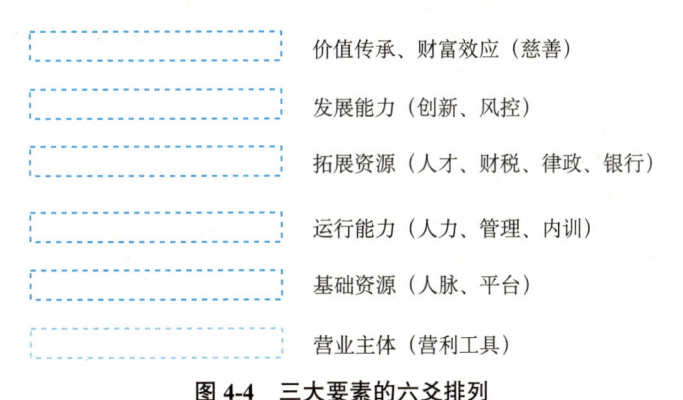

价值传承、财富效应（慈善）

发展能力（创新、风控）

拓展资源（人才、财税、律政、银行）

运行能力（人力、管理、内训）

基础资源（人脉、平台）

营业主体（营利工具）

图 4-4 三大要素的六爻排列

虽然国家可持续发展需要依托青年的劳动与创造，但我们更要重视智慧思想对青年的影响和作用，当前非常需要普及一套更适合中国青年的创业教育通识理论，这套理论的普及与实践能给社会带来生生不息的资源要素和积极的财富效应，这才是培育创业土壤的真正意义。

第五章
让事业持续成长

关键词：

团队意识　原则＆标准　稳定　融合训练　三大支撑力
商业模式　业态进化　金融　金融化　金融意识
金钱运行规律　股权投资　金融化层级　信用　杠杆
现金流　人生格局　资源整合　生存＆发展　性格象限
三类人才　品牌　特许　资产配置　效能　学习＆进化

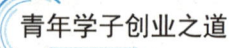

一、遵循五条规律

规律一词的意思是，自然界和社会诸现象之间必然、本质、稳定和反复出现的关系。它体现事物之间的内在必然联系，决定着事物发展的必然趋向。规律是客观的，不以人的意志为转移。

本章理论提出的"五条规律"（又称"五条商规"），单独理解每条也可以认为是商业规则，但就整体而言，这五条商规之间的内在联系与作用会形成事物发展的必然趋势，即事业持续运行。前面章节的相关理论告诉我们，人生财富的积累应该是在业态可持续状态下自然形成的。我们使用规律（定律）这样的概念进行阐述，是为了让青年创造者更重视这样的关键理论并积极研究和践行。

（一）创建稳定团队和事业计划

1. 团队意识

团队是由基层人员和管理层人员组成的一个共同体，它合理利用每个成员的知识和技能协同工作、解决问题、实现共同的目标。团队的构成要素简称为"5P"，分别为岗位（Post）、人（People）、定位（Position）、权限（Power）、计划（Plan）。

除了组建团队，还必须组建更为核心更为重要的核心团队。即使是联合国这种国际组织，也有其核心团队——安全理事会的五大常任理事国。由此可见，创立一番事业除了需要建立一个组织——公司或社团，还需要组建一个核心团队。这样的核心团队，根据其公司或机构属性的不同，称呼也不一样，有的叫股东会，有的叫董事局。

2. 团队创建的原则与标准

青年朋友要有这样的意识：如果还不能自己创建团队，就争取主动加入一个优秀的团队。

图 5-1 所示为两种团队组建模式的模型，你认为哪一种团队组建模式更好呢？通常情况下，团队应该要有领导核心，这是创建团队的重要原则。对于核心团队或者创始团队的建立，我们通过分析众多优秀创业团队的共性，总结形成了创建核心团队的十大指标及其评分标准，分别是核心团队人数、学历水平、工作年限、职业资格、专业技能相似度、同城市（聚合度）、团队成立时间、个体可支配资源的价值、精力投入度（专职程度）、个人信誉度（金融征信、法律征信），详见表 5-1。

图 5-1 两种团队组建模式的模型

表 5-1 核心团队的十大指标及其评分标准

指标	评分标准
核心团队人数（5分）	核心团队若为 5 人，得 5 分，每多或少 1 人，减 1 分，最少 0 分
学历水平（10分）	成员全部为研究生学历，得 10 分；取得研究生学历的人数占成员总数的 2/3 以上，得 9 分；取得研究生学历的人数占成员总数的 1/2～2/3，得 8 分；成员全部为本科及以上学历，得 7 分；取得本科及以上学历的人数占成员总数的 2/3 以上，得 6 分；取得本科及以上学历的人数占成员总数的 1/2～2/3，得 5 分；成员全部为大专及以上学历，得 4 分；如果有不是大专及以上学历的成员，每个人减 1 分

续表

指标	评分标准
工作年限 （15分）	全部成员的平均工作年限为8年以上，得15分；5～8年，得12分；3～5年，得8分；1～3年，得4分；不足1年，得2分
职业资格 （10分）	团队取得的职业资格证书总数与团队成员数的比值大于或等于1，得10分；比值在0.7～1之间，得8分；比值在0.5～0.7之间，得5分；比值在0～0.5之间，得2分；一个职业资格证书也没有取得，得0分
专业技能相似度 （10分）	全部成员的专业技能相似，得5分；2/3以上成员的专业技能相似，得3分；1/2～2/3成员的专业技能相似，得2分；0～1/2成员的专业技能相似，得1分
同城市（聚合度） （15分）	全部成员在同一城市，得15分；2/3以上成员在同一城市，得10分；1/2～2/3成员在同一城市，得5分；0～1/2成员在同一城市，得2分；全部成员都不在同一城市，得0分
团队成立时间 （10分）	团队成立10年及以上，得10分，每少一年减1分
个人可支配资源的价值 （5分）	评估团队中每个成员平均可支配资源的价值，可支配资源的价值在5万元及以上，得5分；4～5万元，得4分；3～4万元，得3分；2～3万元，得2分；1～2万元，得1分；少于1万元，得0分
精力投入度（专职程度） （10分）	全部成员均为专职人员，得10分；2/3以上成员为专职人员，得7分；1/2～2/3成员为专职人员，得5分；0～1/2成员为专职人员，得2分；全部成员均为兼职人员，得0分
个人信誉度 （金融征信、法律征信） （10分）	全部成员均信誉良好，得10分；0～1/2成员有征信不良记录或犯罪记录，得4分；1/2～2/3成员有征信不良记录或犯罪记录，得3分；2/3以上成员有征信不良记录或犯罪记录，得2分；全部成员均有征信不良记录或犯罪记录，得0分

在这十项指标中，对不同行业的创业团队评估的侧重点不一样，但无论侧重哪些方面都是综合得分越高的团队，自主创业能力就越强。在很多时候，投资人更愿意首先选择一个优秀的团队，再论证商业计划（Business Plan）的前景。

在实际情况中，团队没有所谓的"绝对稳定"状态，但相对稳定是可以实现的。怎样的团队才叫作相对稳定的团队呢？有观点认为，应该要做到"三个一起"：人在一起、心在一起、钱在一起。虽然这看起来有些"无为而治"的风格，但在当今时代又确实是一种务实的方式。有时候，如果事业前景足够吸引人，使团队相对稳定只需要解决两个基本的需求即可——生存和安全。这也是为什么一些前景广阔的优质项目在初期即使没有可观的效益，也不会出现团队崩解的原因。

对于绝大多数青年创业者而言，在与志同道合的朋友一起创业的时候，应该多准备一套解决生存的方案，方案应体现如何降低生活成本、如何减少无效开支，以及如何增加兼职收入等。

3. 团队融合

创业团队需要注重六个方面的建设和优化，分别是观念、文化、技能、决策、分配、监测，这就好比立方体的六个面。

对于已经有较为完善的多级团队的企业，通过内训的方式开展团队融合训练，是一项非常必要的工作。例如，通过训练提升中层管理团队的六方面素质和执行层团队的归属感，可以使他们保持工作效率的稳定，更好地服务于核心团队的事业目标。

对于执行层团队，融合训练主要应训练其表达能力、合作意识、乐观的心态、时间管理能力等，以下有几个简单的训练模块适合初创业者选用。

（1）破冰交际：利用4分钟时间开展"1分钟自我介绍""3分钟赞美对方"两项交流活动。两个人面对面，首先各自用1分钟介绍自己，然后相互用美好的词语同时赞美对方3分钟。

（2）头脑风暴：将人员分为两个组，分别站到训练场地内的A和B两个区域，每个队说出一个褒义词和贬义词，交替进行，导师负责在白板上记录。如果大家公认为某一方说出的褒义词正确，则该方人员中的一个人移动到对方所在的位置，如果大家公认为某一方说出的贬义词正确，则对方人员中的一个人返回他们起始的位置，最终看哪一队人员首先全部移动到对方所在的位置，即为胜利。

（3）将士棋游戏：通过自由组合的方式组成甲乙两个队伍，分别安排在两个独立的房间。每支队伍在每轮中选择以"将"或"士"作为自己一方的"棋子"出战，双方队员不见面，只通过一个信息员收集双方出战"棋子"的情况并根据表5-2中的计分标准为双方计分，将上述过程重复进行，共进行5轮。汇总双方得分，分数高的队伍获胜。

表 5-2　将士棋游戏计分标准

决策结果	甲	乙
甲—将，乙—将	−3	−3
甲—将，乙—士	5	−5
甲—士，乙—将	−5	5
甲—士，乙—士	3	3

4. 三大支撑力

事业应如何发展，这需要合理规划并制定清晰的进化目标。事业进化目标既包含商业目标也包含人员的思维能力进化目标。事业的发展需要重要的支撑力，其中有三大支撑力是不可或缺的，分别是**学习力、创造力、金融力**。

1）学习力

图 5-2 可以帮助创业者找到提升学习力的方法，从图中可以看出提升学习力的最佳方法就是学习之后再转教别人或立即应用。

第五章 让事业持续成长

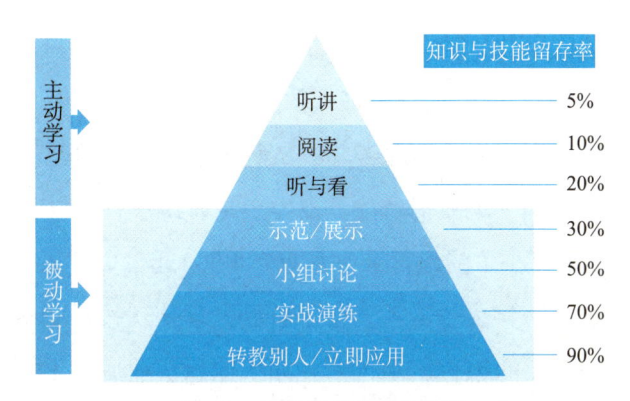

```
         知识与技能留存率
主           听讲 ———— 5%
动
学          阅读 ———— 10%
习
          听与看 ———— 20%
         示范/展示 ———— 30%
被
动       小组讨论 ———— 50%
学
习       实战演练 ———— 70%
      转教别人/立即应用 ———— 90%
```

图 5-2　学习方式成效金字塔

2）创造力

创造力的培养可以体现"学以致用"的思想，培养创造力的最高目标就是在创造的基础上实现创新。创造力是每个人与生俱来的能力，提升创造力的主要途径是积极实践与应用。创新能力则是需要后天培养的，做到"阅人无数"是培养创新能力的关键。

在开创事业初期，因为每个人的能力、背景和资源有所不同，所创建的营利工具或商业模式也千差万别，但优质的营利工具或者商业模式都会展现一些共性特征，经过总结，我们发现这些特征体现出十种有价值的思维，具体如下：

（1）法有立、业有依，法无禁、事可为。（律政思维）

（2）服务更多的人，持续服务更多的人，感召更多的人一起服务更多的人。（财富思维）

（3）要么争取做第一，要么争取做唯一。（创新思维）

（4）用别人的钱发展自己，用未来的钱投资自己。（金融思维）

（5）不能创建优秀团队，就加入一个优秀的团队。（合作思维）

（6）把现金流做大，把利润做稳定，把价值体现得更高。（财务思维）

（7）目标人群的痛点就是营利工具的入口。（医疗思维）

（8）在贪婪和恐惧之间建立价值的支撑点。（宗教思维）

（9）复杂的事情简单化，简单的事情重复化。（机械思维）

（10）结果是最好的教育，榜样是最大的慈善。（教育思维）

在学习了创造力的知识后，请思考并尝试解决下面两个问题。

问题一：小王要办理一笔按揭贷款，被告知要求其每个月的银行流水达到8 000元才能满足贷款额度，可小王的银行卡每月只有4 000元工资汇入，他可以怎么做？

问题二：小刘还有一年大学毕业，他了解到办理住房按揭贷款必须提供一年以上的每月不低于4 000元的银行流水记录。如果他想毕业后马上按揭一套房子，对于每月只有1 500元生活费的他可以怎么做？

3）金融力

金融力通常是指筹措资金、处理资金、使用资金和运用资金进行资本运作的能力，是企业获得资源的主要能力，也是三个支撑力中的核心能力。对于青年人而言，金融力可以理解为把自身价值和创造的新价值通过社会商业活动进行价值变现的能力。关于金融力的更多理论知识，将在第二条定律中进行更全面的阐述。学习力、创造力和金融力三者之间有着固有的关系，如图5-3所示。

学习力的提升就会促进创造力的提升，因为金融也是一门独立学科，因此在学习力和创造力的共同作用下，金融力才会提升。

学习力、创造力和金融力是创业者需要重点"修炼"的三个能力。学习力属于"内修"，需要注重两个方面。一方面，要选择适合自己的技能和商业理论进行学习，这一点很重要。有些创业者不断在一个又一个创业项目上遭受损失，究其原因，主要是盲目地把一些偏激的商业理论当教条，长期缺乏对社会的全面客观认知，甚至失去了基本的明辨是非的能力。另一方面，学习成本的控制也很重要，对青年创业者来说，专业技术和技能的学习与掌握是首要任务，因此不需要舍近求远，因为"三人行必有我师"，更不要盲目崇拜所谓的成功人士和能量大师，创业者要善于发现身边有潜力的"未来成功者"，建立合适的关系与他们结伴前行，毕竟一个人虽然走的快，但一群人才能走得远。创造力属于"外修"，创造不是随意而为，需要研究商业环境和目标对象，根据客观规律和实际需求进行现实和虚拟两个方面的创造。这样创造出来的事物才有价值属性，才能被用于价值交换，才能有效地发挥出金融力的作用。团队成员只要能做到同步提升这三大支撑力，整个团队就能保持长期稳定。

图 5-3　三大支撑力的关系图

5. 企业进化

伴随着创业者思维格局的进化和团队支撑力的提升，企业的整体业态也应该随之进化。通过研究和总结，我们发现优秀企业有一个共同的进化路径，如图 5-4 所示。

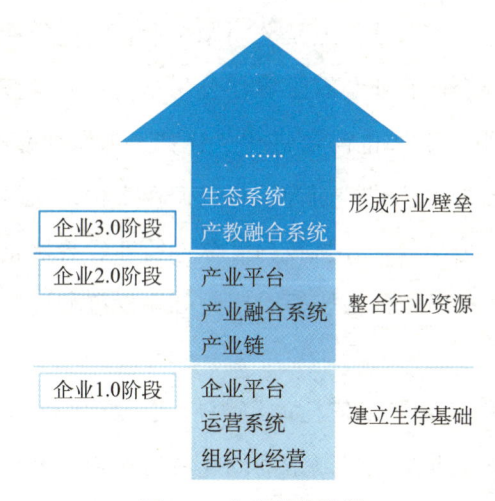

图 5-4　企业进化路径

企业3.0阶段：生态系统　产教融合系统——形成行业壁垒

企业2.0阶段：产业平台　产业融合系统　产业链——整合行业资源

企业1.0阶段：企业平台　运营系统　组织化经营——建立生存基础

在企业 1.0 阶段，收益主要靠营利工具获得，企业只需要配置满足其生存的基础资源，也就是"企业资源金字塔"中的前二层资源。

在企业 2.0 阶段，创业者需要使用融资性工具，企业要整合其所处行业的资源，即配置到资源塔第三层；

在企业 3.0 阶段，创业者不仅需要配置全部的三类营利工具，还需要完整地建立企业资源塔。

企业在不同的阶段，创业者要学习的指导企业管理运营的商业理论知识各有不同，这需要创业者根据实际情况灵活选择。

团队思维格局的进化与事业格局规划要协同进行，避免因团队思维格局进化太快把事业格局"撑破"；或者事业格局规划太大，团队因此找不到着力点而迷失其中。

通常意义上所说的团队，是以自然人为个体相互搭档组成的。但团队还可以有更加宽泛的理解，对于一些集团化运营的创业团队，其团队成员就成了法人或其他组织。尽管如此，本书所讲述的各种理论对其依然适用。

6. 法人组织形式与产业分类

法人组织形式主要有两大类：企业和非企业。在我国，企业又通常存在三种组织形式，即个人独资企业、合伙企业及公司制企业，它们的特征、责任、法律地位各有不同。其中，有限合伙企业与有限责任公司是初创业者普遍采用的企业组织形式，随着业态进化，组织形式也需要进化。比如，有限责任公司在股权融资或上市之前通常会改制为股份制公司，而为了打造产业平台，众多从事生产和经营的公司可以组织成立集团化公司等。在科技与互联网行业，合伙企业是更受投资人亲睐的，这是因为合伙企业可以做到不按持股比例分摊权益和责任，这可以让投资者做到低风险高回报。

非企业组织也是创业时可以依托的组织形式，在民政局注册登记的商会、协会、工会、基金会等非企业组织可以帮助创业者搭建资源平台。如果不愿意建立法人组织，像个体工商户这样的非组织化经营也比较适合个人或家庭创业起步。但相比而言，依托正规注册登记的法人组织，可以更好地凝聚资源，也能更好地保障权益。

产业分类是创业者在制定事业计划前需要了解和研究的，我国的产业分为第一产业、第二产业、第三产业。

第一产业主要指利用自然力为主，生产不必经过深度加工就可消费的产品或工业原料的部门，包括种植业、林业、畜牧业、水产养殖业等直接以自然物为生产对象的产业，第一产业通常泛指农业。

第二产业主要指加工制造产业，利用自然界和第一产业提供的基本材料进行加工处理，通常称为现代工业。第二产业包括采矿业（不含开采专业及辅助性活动），制造业（不含金属制品、机械和设备修理业），电力、热力、燃气及水生产和供应业，建筑业及第一产业辅助性配套加工等行业。

第三产业是指第一、第二产业以外的其他行业，包括流通和服务两大部门，通常称为现代服务业，范围比较广泛，主要包括交通运输业、通信产业、餐饮业、金融业、教育、公共服务及第一和二产业辅助性商业等非物质生产方面的社会行业。创业者可以通过《国民经济行业分类》（GB/T 4754—2017）详细了解三大产业的具体分类。

结合第一条商业规律，我们发现许多优秀的商业组织都具有以下共同特点：拥有至少两级稳定的核心团队；同时依托两大类法人组织形式；至少涉足两大产业的商业活动。

（二）团队金融化

1. 对金融的理解

广义的理解：金融就是**价值的交换和流通**。

狭义的理解：金融就是与金钱或者开展金钱业务的机构有关的一切事物的统称。过去，传统的金融机构有银行、保险、证券三大版块，发展至今，金融业已经衍生出众多新类型的金融机构，2014年中国人民银行发布《金融机构编码规范》对金融机构进行了分类。

金融化是一个新鲜的名词，通俗地理解就是让事物与金融体系产生关联并深度

融合的过程。在这个过程中，货币及金融产品作为价值载体和交换介质得到广泛应用。虽然金融化可以促进价值的创造和价值的交换，对经济发展有积极的影响，但金融化也存在消极的一面。在正常情况下，金钱的运动是以人们创造价值和价值交换为前提的，但在金融化泛滥时，人们更像是金钱的奴隶。

如果一个国家的所有与民生相关的行业都金融化，这将预示着灾难的临近。因为金融化可以加速资源的分配并形成垄断，如果不变革，经济运行就难以持续。

因此，有节律的金融化并配合必要的改革是维持经济健康发展的重要策略。在这方面，中国是全世界的榜样。

由图5-5可以看出，金融业机构种类很多，与人们的工作生活密切相关的是银行、保险、证券三类机构。我们可以把这些机构简单地分为两类来看待，一类是主体机构，二类是辅助机构。我们都知道，金融业本质上是"经营信用"的机构，做的是"借鸡生蛋"的事情。金融信贷形成的债务周期会对金融业的稳定造成影响，确保主体金融机构可持续运行是国家层面的核心目标。在出现金融风险的时候，为了确保主体机构的稳定和安全，辅助机构甚至会被迫做出"壮士断腕"般牺牲。如2013—2015年部分民间金融公司出现的倒闭潮及2018年出现的P2P金融机构集中暴雷事件，都是这样的情况。

团队金融化可以理解为创业者从个人树立金融意识到运用金融工具直至带动整个团队创造金融产品的一个进化过程。

创业者要在这样的进化过程中提升个人、团队和企业价值并逐渐积累各类营利工具中的要素，让企业建立起完整的营利工具组合并持续获益。

2.金融意识

《世界是部金融史》一书全面描述了金融对人类社会发展的促进作用，也揭示了其残酷的副作用。由此可以看出，金融意识的树立一方面是要积极地拥抱金融，另一方面则是要防范金融带来的风险。

创业者要从广义的角度理解并树立金融意识，提升自己的内在价值和外在的表

货币当局
(1) 财产保险公司；
(2) 国家外汇管理局。
监管当局
(1) 中国银行保险监督管理委员会；
(2) 中国证券监督管理委员会。
银行业存款类金融机构
(1) 银行；
(2) 城市信用合作社（含联社）；
(3) 农村信用合作社（含联社）；
(4) 农村资金互助社；
(5) 财务公司。
银行业非存款类金融机构
(1) 信托公司；
(2) 金融资产管理公司；
(3) 金融租赁公司；
(4) 汽车金融公司；
(5) 贷款公司；
(6) 倾向经纪公司。
证券业金融机构
(1) 证券公司；

(2) 证券投资基金管理公司；
(3) 期货公司；
(4) 投资咨询公司。
保险金融机构
(1) 财产保险公司；
(2) 人身保险公司；
(3) 再保险公司；
(4) 保险资产管理公司；
(5) 保险经纪公司；
(6) 保险代理公司；
(7) 保险评估公司；
(8) 企业年金。
交易及结算型金融机构
(1) 交易所；
(2) 登记结算类机构。
金融控股公司
(1) 中央金融控股公司；
(2) 其他金融控股公司。
新兴金融企业
(1) 小额贷款公司；
(2) 第三方理财公司。

图 5-5　中国金融业机构分类

现能力，主动融入有价值的交际圈和社群，参加各种交流活动。在这个过程中，与朋友交流商业计划、进行业务推介，哪怕仅仅是做自我介绍或交换联系方式都是培育金融意识的过程。

　　金融意识重要的体现就是对金钱运行规律的研究。政府主导的金钱运行规律如图 5-6 所示。

　　各级行政事业单位的消费和投资是第一次社会财富分配中比例最大的，在企业 1.0 阶段，创业者如果能够参与到这样的财富分配中，对于解决企业的生存问题会有很大的帮助。

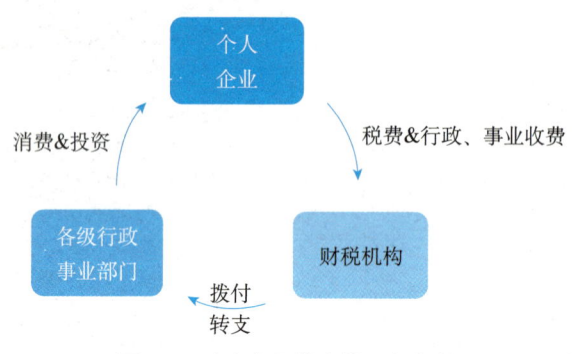

图 5-6　政府主导的金钱运行规律

3. 金融工具

金融工具亦称"信用工具"或"交易工具",是指资金缺乏部门向资金盈余部门借入资金,或发行者向投资者筹措资金时,依据一定格式制作的书面文件,文件中确定了债务人的义务和债权人的权利,是具有法律效力的契约。在当今金融业非常发达的社会环境下,金融工具的产生和运用让金钱又出现了一些新的运行规律,其中有一个是最简洁也最值得关注的规律,那就是银行主导的金钱运行规律,如图 5-7 所示。

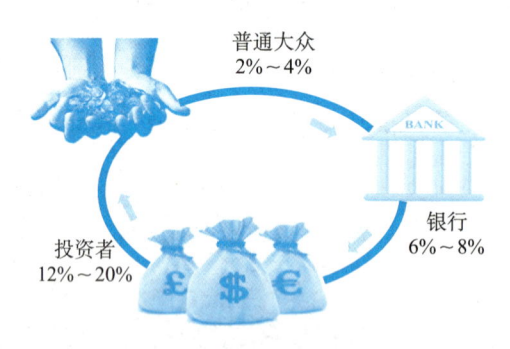

图 5-7　银行主导的金钱运行规律

创业者通过对图 5-7 的研究和思考,可以得到一些重要的启示。例如,创业者可以研究,要成为银行愿意提供信贷支持的投资人或创业者,需要满足哪些条件?同时创业者也可以思考,如果存款的人不断增加,贷款的人越来越少,会出现怎样的经济和社会现象？

除了上述两类金钱运行规律，创业者还可以思考并探寻更多行政和商业主体主导的金钱运行规律，发掘与这些资金流相关的信息流并逐步为企业建立稳定的机会信息渠道。

4. 金融产品

金融产品泛指资金融通过程中的各种载体，包括货币、黄金、外汇、有价证券等。金融产品更宽泛的理解则是指具有价值属性并可进行交换或兑现的一切有形和无形的资产。

有一个问题请读者思考：5个人合伙创业并注册了一家公司，这个创业主体一共包含几个人？

从客观角度看，答案是6个平等的个体或者说6个人（5个自然人和1个法人）。而从公司法人的角度看，法人把自己的价值分割成5份股权交给5个自然人，如果其中一个自然人要完全退出，他可以把股份转让给另一个自然人，这样，公司股权就成了一种金融产品。

青年创业者需要加强项目股权化及股权融资能力等方面的学习与操练。在当下的创业孵化领域，人们通常把股权融资分为五个阶段，分别是种子期、初创期、成长期、成熟期、扩张期。

根据资金的投资阶段不同，股权投资分为以下三类。

（1）天使投资（AI）。天使投资所投的是一些非常早期的项目，在投资时有些项目可能还没有一个完整的产品或商业计划，甚至仅仅只有一个概念。天使投资一般在公司有了初步的商业模型后退出。天使投资是风险投资的一种，投入资金额一般较小。充当天使投资人的各种角色通常被合称为"3F"，即家人、朋友和傻瓜（Family、Friend、Fool）。

（2）风险投资（VC）：风险投资所投的通常是一些早期和中期项目，这些项目的经营模式相对成熟，一般有用户数据支持，获得了市场的认可，且盈利能力强，在获得资金后可以进一步开拓市场，继续爆发式增长。风险投资的节点一般是在企业的"死亡之谷"（Valley of Death）的谷底。风险投资可以帮助创业企业快速提升价值，获得资本市场的认可，为后续融资奠定基础。

（3）私募基金（PE）。私募基金所投的通常是一些Pre-IPO（扩张期）阶段的企业，这些企业已经有了上市的基础，私募基金进入之后，通常会帮助公司梳理管理结构、营利模式、募集项目，以便能使企业可以在1—3年内上市。

实际上融资轮次并没有标准化的定义，但为了突出重点，可以对其进行如下梳理，项目融资轮次图如图5-8所示。

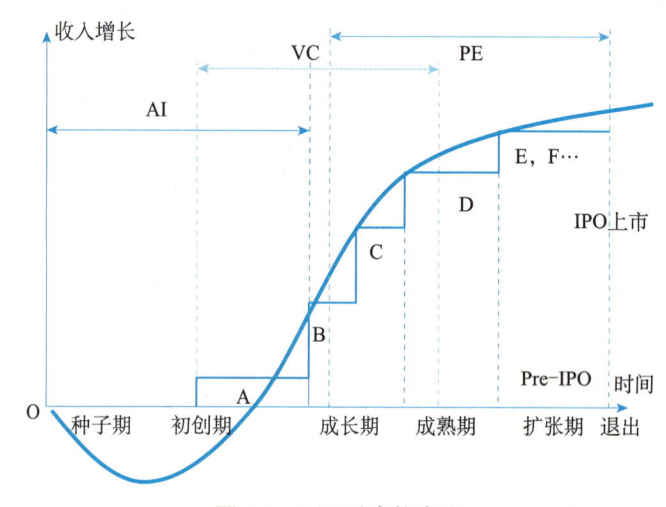

图5-8　项目融资轮次图

（1）种子轮。可能仅有一个创意或想法，几乎只能靠"刷脸"融资。

（2）天使轮。已经起步但尚未完成产品，模式也未被验证。

（3）A轮。有团队，也有可依托的产品、服务和数据支撑的营利工具或商业模式，在某个区域或某个行业内拥有领先地位。

（4）B轮。营利工具或商业模式已经被充分验证，企业可以快速扩张。

（5）C轮。企业成熟，拥有大量用户，在行业内有主导或领导地位，开始为上市做准备。

（6）D轮、E轮、F轮。相当于C轮的延续和升级，这几轮主要是以释放原始股的方式整合资源，确保最后IPO（首次公开募股）成功。

青年创业者对"团队金融化"可以从两方面理解，一方面指的是团队成员内部要进行充分的价值交流，培育每个人的能力并使其充分发挥价值；另一方面是通过价值交换获取营利工具的构成要素或配置企业经营中需要的各种资源。团队金融化是一个持续的过程。

5. 金融化的层级

在通常情况下，金融化有三个层级：信任、信用、信念。也有个别群体会把金融化提升到第四个层级——信仰，但这不是本书要阐述和推崇的。

在信任层级，价值交换几乎是对等的，要么用等价的金钱交换，要么依靠深厚的友情和亲情获取，这也是为什么很多"草根"创业者早期只能在亲朋好友那里获得投资的原因。在这个层级，创业者所能借助的营利工具以经营性工具为主，解决个人生存和团队稳定是首要需求，因此要努力实现经营收入。

在信用层级，价值交换可以做到跨越时间。例如，企业主以现款现货的方式长期在一个批发商那里进货，一段时间后，企业主向批发商提出先进货，等过一段时间再付款，对方如果同意，说明企业主与批发商已经达到了信用层级的价值交换。创业者若是能很好地建立并运用信用价值，可以做到用时间换空间。在这个层级，创业者需要学习并掌握投资工具，解决个人财富和生活品质问题，直观的表现就是生活稳定、时间自由。

狭义的金融化有三个支撑点：信用、杠杆、现金流。在信用层级，创业者需要考虑在事业稳定运行的基础上把未来价值兑现为当下的资产。兑现的时候就会借助这三个支撑点，它们综合作用的结果就是信贷融资行为。只不过在信用层级产生的融资行为大多属于间接融资，也就是通过银行进行融资。如通过按揭贷款的方式购买一套住宅就是把未来价值提前布局到家业这一条财富路径上，这样的布局不仅为自己增加一份财富的保障，还能促使创业者坚定奋斗的信念，对其事业发展起到间接的激励作用。需要注意的是，如何找到适合家庭投资并建立家庭资产的投资工具是一门重要的学问。关于这部分内容，后面章节将会进行详细介绍。

在信念层级，创业者需要把人生目标设定为完整地解决人生的五大需求，在事业上需要让企业逐步升级到3.0阶段，甚至确立企业在整个行业生态系统的领先地位。实现这些目标的过程，必然会触及更多人的利益，创业者需要借助信念的力量排除干扰，努力发掘和整合更多创业资源。可以说，一项事业最终能否获得成功，很大程度取决于创业者的信念。正因如此，在股权融资的时候，投资人非常看中创业者在这个层面的金融化能力。

金融化提升到信念层级，人生格局将被放大，实现个人理想及人生价值会成为创业者的主要动力。创业者通常需要打造金融产品并借助融资工具快速放大业态价值，以求缩短达成最终目标的时间。

团队金融化的过程，就是灵活运用三类营利工具的过程。如果说信任可以实现当下的价值交换，信用可以实现跨越时间的价值交换，那么信念就可以同时实现跨越时间和空间的价值交换。

在团队金融化的过程中，让成员树立起坚定信念是最重要的目标，因为信念的力量是不可估量的。

对绝大多数创业者而言，做好从信任到信念这三个层级的金融化，就足够支撑一个企业从起步直至升级到3.0阶段，甚至建立起以本企业为核心的整个行业的生态系统。能建立行业生态系统的已经是很高层级的企业了，还有没有升级空间呢？答案是肯定的，具体是怎样的留给创业者们去探索和思考。

团队金融化是一个持续的意识培养和能力修炼的过程，大多数青年人通过系统地学习和操练都能让自己成为优秀的投资人，并能借助金融工具、金融规律轻松地获取财富。其中一部分优秀人才还可以进一步修炼成为金融人，他们会以更高的格局和更远大的梦想为依托，实现同时跨越时间和空间的价值交换。

以色列学者尤瓦尔·赫拉利于2012年出版了《人类简史：从动物到上帝》一书，书中认为人类跃居食物链顶端的原因是因为合作，可以合作的原因是人类有语言，而语言的最大功用在于"描绘梦想"。从民族信仰到国家观念，从货币价值到企业愿景，梦想的力量始终提供给人们无穷的动力。

（三）灵活开展资源整合

资源整合是一个重要的命题，一般人需要有丰富的经历和阅历才能具备解决这个命题的思维和能力。资源整合没有固定的模式，需要创业团队通过探索来进行策略的研讨和制定。作为新时代的青年创业者，应该把个人职业成长、企业进化需要的资源及企业生存与发展的资源区别对待。前面我们提到青年人有三条财富路径，分别是职业、家业和事业，其中的职业和家业属于个人需求的范畴，而事业则与企业的生存和发展息息相关。

灵活开展资源整合是指创业者通过判断资源的价值属性和作用，把引进的资源配置在合适的位置，使其与现有的资源要素结合并真正发挥更大的价值。

1. 个人资源整合

关于个人资源整合，通过下面这则故事可以给大家一些启示。

西西学习财会专业，2008年大学毕业后在某城市一家财务公司做会计工作。西西一直租住在一栋带电梯的邻街住宅楼里。这栋楼有几种房型，由于大部分房东都把房子出租，所以这栋楼经常有年轻的租客搬进搬出。西西和中介公司的小明一直保持联系，通过小明了解到，由于这栋楼出租的房子较多，租客资源不够，经常有房屋空置的情况。考虑这栋住宅楼的位置地处市中心，交通便利，周边商业发达，于是，西西找到小明商量，计划把这些空置的房屋长期承租下来，增加一些生活用品等配置，按天出租。于是他们筹集了十万元资金，一套一套地把出现空置的房屋以不少于5年的期限承租下来，并借助一些生活服务类网络平台进行推广以招揽租客。不到一年的时间，这栋住宅楼出租的房屋中有1/2被他们租下来了，西西和小明不仅收回了前期投入的十万元资金，还获得了几倍的收益。

西西毕业不到 2 年就实现了经济独立和时间自由，她已经不需要早九晚五的工作了，只是兼职为一些创业公司做会计服务。在此期间，西西与自己服务的一家担保公司经理阿良交结识并成为朋友。在小明和阿良的共同帮助下，西西在 2011 年初顺利通过按揭购得一套住房。

个人资源整合是青年创业者要优先修炼的能力，通过前面章节我们学习了企业资源金字塔的理论知识，资源塔最底层两个资源——人脉资源和平台资源就是个人资源整合的首选对象。

2. 企业资源整合

企业成长的过程，需要同时兼顾生存和发展两个方面的目标。企业资源整合是确保企业可持续发展的重要工作，随着市场环境的不断变化，企业的各种资源也需要随之调整和优化，这既需要对内部能力进行提升，也需要对外部资源进行整合，创业者应具备战略眼光和协调能力。

对任何一个企业来讲，内部资源始终是有限的。因此，企业不仅要具备培育自身资源的能力，而且还要具备对外部资源的发现与运用的能力。有时候，对企业外部资源的整合和运作会产生具有创新特点的组织和商业模式。一些企业虽然没有厂房，没有机器设备，甚至没有自己的员工，但同样能生产出产品，这就是企业资源整合形成的 OEM 代工制造模式。当然，这些企业并非不具备自己建立和管理这些资源要素的能力，而是它们充分利用了社会上的已有资源。有的企业仅拥有行政、技术、财务人员和几间办公室而已，却利用外部的土地、厂房、技术人员、管理人员、劳动力、原材料等生产出大量的产品，这种经营模式被称作"脑体分离"。极致的企业资源整合可以实现"虚拟化运营"，即在研发、制造、营销、仓储运输甚至在流程管理和权益分配等方面都利用外部资源分工实施。创业者必须时刻提醒自己要开阔视野，广泛对接社会资源。通过资源整合，帮助企业更好地生存和发展。

按照企业之间资源整合方式的不同，可以把企业资源整合分为三种形式：**纵向整合、横向整合和平台式整合**。

纵向整合：纵向整合是处于一条产业链上的两个或者多个主体联合在一起结成利益共同体，致力于整合产业价值链资源，创造更大的价值。这种整合方式适合已经进入 2.0 阶段的企业。

例如，按照传统的经营方式，花店从花农处采购鲜花，再卖给顾客，几十年来，都是如此。但是，这并不意味着它是最好的经营方式。某花店放弃传统的经营方式，而与花农和快递公司结成战略联盟。花店作为鲜花的订购中心，顾客可通过网络或电话等方式到这里订购鲜花，花店记录下顾客订购鲜花的种类和数量，以及顾客希望送达的地址和希望送达的时间。同时，把顾客需要鲜花的种类和数量等信息发给花农，通知花农准备鲜花。然后，把顾客订购鲜花的种类和数量，以及顾客希望送达的地址和希望送达的时间等信息发给快递公司，由快递公司从花农处取得鲜花，再送给顾客。花店通过与快递公司的合作，整合快递公司的运输资源，把传统情况下的两方合作变成三方联盟。新的战略联盟大大扩展了生意量，每个参与方都获得了更多的收入：花农可以卖出更多的鲜花；快递公司得到更多的快递业务；花店得到更多的订单，并同时节省了运输成本。顾客也可以享受到更多的鲜花选择服务和方便快捷的上门送花服务，这都是传统花店做不到的。

横向整合：横向整合是把目光集中在产业链中的某个环节，探讨利用哪些资源及怎样组合这些资源，才能最有效地设计这个环节，提高该环节的效用和价值。需要通过横向方式来整合的资源往往不是处于产业链内的，而是处于本产业链外的。

平台式整合：不论是纵向还是横向资源整合，都是把企业本身作为需要被整合的资源的一部分，考虑怎样联合其他的资源才能获得最佳效果。而平台式资源整合却不同，它考虑的是，企业作为一个平台，在此基础上整合供应方、需求方甚至第三方的资源，同时增加三方的收益或者降低三方的交易成本，作为平台的企业本身也因此获利。

阿里巴巴就是一个典型的搭建平台整合资源的例子。它整合了供应商和需求方的信息，打造了一个信息平台。供应商和需求方可以通过阿里巴巴交换信息、互通有无，达到最佳的交易效果，而阿里巴巴则通过收取服务费而营利。类似的成功例子还有携程网、美团等。

同样，现在几乎所有的展览会都通过资源整合方式打造供求双方的平台，通过满足双方各自的需求而营利。一个展览会至少要整合三方面的资源：一是参展商，二是专业观众，三是提供配套服务的服务商（如物流商、酒店、展台搭建商、保洁、安保、展馆、旅游商等）。

虽然从理论上看，资源有纵向整合、横向整合和平台式整合三种方式，但在现实应用中，它们很难截然分开，甚至还会相互交织在一起。目前常见的资源整合方法有业务外包、行业联营、共同研发、信息共享、联合促销等。

通常情况下，在资源整合的时候，生产率会得到提升，信息会更加丰富，市场会更加开阔，营销渠道也会更多，但没有规则和策略的资源整合又会带来负面效应。例如，一些生活服务类的平台把电话客服业务外包，外包公司为了获得更大的效益，经常让客户经过多次来电后才真正接纳和解决问题，甚至对客户的安全置之不理。在最近几年，不少金融机构直接把催收违约信贷的工作外包出去，导致暴力催收和各种违法行为频现。

我们知道，企业发展的核心是"人"，所以对于一些依靠个人销售能力和销售业绩做支撑的企业，其资源整合会有新思路。比如保险行业、房产中介行业等，这些企业以员工职级晋升、自主创业和安居乐业形成的刚性消费为依托，可以很好的实现内部资源转化，即把员工转化为消费者、投资者与合伙人。因此，这些企业通常把人力资源和人才储备这两个企业资源作为资源配置的核心。

对于更多企业而言，技术与市场这两方面的资源是更能帮助企业生存的资源，是企业在资源整合时重点关注的，但在开展资源整合的时候要注意以下几点：

①创业者应该把"基于知识和理念"的企业内部能力逐步提升作为资源整合的核心目标。

②不要刻意追求有形资源的规模与档次，企业内部能力提升的目的是从知识中

而不是从有形资源中获取高额价值。

③根据企业进化阶段的不同，在企业资源配置上内部和外部的侧重点也不同。

④在配置和整合资源时要协调好企业整体运行目标和交易功能之间的关系。

⑤企业资源整合要做到四个维度的提升：知识和技能、经营性资产、企业内部流程和企业的社会价值。

在资源整合的过程中，创业者要加强对马斯洛五大需求中第三层和第四层两个高阶需求的理解，即社交和尊重。无论是个人资源整合还是企业资源整合，最终的落脚点都是人。因此，人的性格因素是资源整合时必须要考虑的，研究人性的规律是很多优秀企业家的独特爱好，目前学术界有两个比较普及的性格学理论。

①性格分析的四个角色理论：指挥者、影响者、支持者、思考者。

②九型人格理论：完美、助人、成就、感觉、思考、忠诚、活跃、领袖、和平。

需要注意的是，在中国，最小的社会主体从表面看是个人，其实是家庭。青年在单身阶段和结婚之后普遍会出现性格差异，创业者在整合资源的时候，**要充分考虑目标对象的"家庭因素"**。

对于这些独特的理论，创业者可以根据自己的情况适当地学习和运用，但要注意的是，理论不等于真理。我们生活在一个三维的世界，需要从多个角度去观察事物。有学术观点认为，我们的三维空间来自于高维时空的投影，如果真是如此，那谁也无法确定我们分析的对象是实像还是虚像。所谓"人不可貌相"，应该理解为判断别人的价值既不能看长相与形象，也不能依据性格。

（四）培育并拥有企业核心资产

五大规律主要与开创事业有关，PYE 理论同样鼓励青年创业者以开办企业的方式开创事业，这不仅因为有培育税收与就业主体的现实需要，还有真正让创业者实现事业目标的需要。企业核心资产主要是指企业经营性资产。经研究发现，企业核心资产可以分为四大类：**人才（Personnel）、品牌（Brand）、专利（Patent）、特**

许（Franchise），简称为 PBPF。

1. 人才

人才可以分为三类：制度型人才、市场型人才、复合型人才。

（1）制度型人才

制度型人才是指根据相关部门颁布的制度认定或认证的人才，如高级公务员、医师、工程师、博士、教授、高级技师等。制度型人才有其既定的考评和晋升方式。制度型人才又大致包含高学历人才、职业资格人才、公务员人才。

（2）市场型人才

市场型人才是指没有相关制度认定但在市场上普遍得到认可的人才，如商业讲师、演说家，关注度高的演艺、艺术、游戏竞技类人才等。

培养市场型人才本质上就是培养有影响力的人，而有影响力的人通常被认为具有以下特征：对别人有帮助、有包容力、能为他人树立榜样、精力旺盛、有责任心和担当。最简单的理解：只要是能带给别人获得感的人就是有影响力的人，无论是物质方面、能力提升方面，还是精神方面。

（3）复合型人才

复合型人才是指同时具有上述两类特点的人才或具有其他卓越能力与贡献的人。复合型人才是最具有创业综合素质的，如果我们的社会拥有大量这类人才，优秀的创业企业也会大量生长。

前文提到创新来源于关键少数，而关键少数又来自相对多数的人才群体，因此，人才是创业者首先要重视的企业资产。我们看到，创立"双十一购物狂欢节"并带领阿里巴巴电商高速发展的张勇，以及开创微信时代的张小龙，都是从各自企业的人才群体中孕育出的关键人物。

对于广大青年创业者来说，要么结交并获得人才，要么让自己成为人才，这是成功创业的第一步，这就需要青年人在制订创业计划之前先做好正确的职业规划。职业与家业、事业一样，是创业者获得财富的重要途径，很多具有职业资格证的人都可以获得高额的职业报酬。例如，注册建筑师、注册结构工程师、注册会计师、注册资产评估师、律师等，还有政府人才库里的评标专家、论证专家等。深入研究我国的职业资格制度，我们会发现，青年人通过潜心学习获得含金量高的职业资格证，可以确保其在职业竞争中获得绝对优势，并且职业收入会有巨大提升，这正是"书中自有黄金屋"的现实写照。

并非只有制度型人才可以获得丰厚的收入，市场型人才同样可以。例如，企业聘请培训师、演艺活动聘请演艺人员、电竞比赛聘请游戏达人等，这些都能给予优秀的市场型人才价值变现的机会。市场型人才的价值变现也叫作个人IP变现，至于如何打造高价值的个人IP，又是一门相对独立的学问，这里不详细阐述。

需要注意的是，市场型人才的成长过程更多是在"术"的层面进行修炼，这可能会使他们目光不够开阔、格局也受限，很难达成高远的目标。在商业竞争中，市场型人才可能会具有业务竞争优势，但在一些拥有高远目标的企业，价值观偏执甚至唯利是图的市场型人才，可能会给企业的发展带来反作用。马云曾经公开表示："能把梳子卖给和尚的人肯定有，但这是不道德的行为。"雷军也曾经不客气地拒绝过"能把稻草卖出金条价钱"的"人才"。

社会上有专门从事人才资源服务的机构，普通人力资源机构可以为企业收集人才信息、代理人才招募与劳动关系管理。有一类被俗称为"猎头公司"的高端人才服务机构，它们可以为企业提供高级管理人才和关键技术岗位人才的挖掘、评测和对接。

我们看到，制度型人才和市场型人才好像都有着巨大的价值空间，都令人向往，但青年人在做职业规划的时候，还要充分考虑以下主观因素和客观指标：专业及兴趣、性格、家庭财富现状。其中，性格指标是需要经过系统的评测才能得出的。通常情况下，创业投资性格分为保守型、稳健性和激进型三种，不同性格的创业者，在职业、家业、事业三个方面的重视程度不同，对营利工具的偏好也不同。

清晰的职业规划可以让青年人对自己的人生与事业树立信心，进而提升其职业素养和人生格局，有效解决青年人体面就业这一首要需求。

无论是哪类人才，都可以用"三个一"的方法进行简单、有效的评估。

一技之长：有很强的生存能力。

一心不二：有理想、有规划、有目标。

一呼百应：有持续的号召力和影响力。

这样的人才是任何企业都希望拥有的。

尽管大部分社会工作岗位并没有对人员有资格准入要求，但很多成熟稳定的企业仍然更愿意雇佣有职业资格证的人。其原因是这类人才已被相关机构筛选和认证，具有一定的资历和水平，大多在某些方面有过人之处，或者说这类人才至少满足"三个一"指标中的一项。雇佣这类人才会给企业节省培养和评测的成本。

2. 品牌

品牌是知识产权的重要组成部分。

广义的"品牌"是指具有经济价值的无形资产，用抽象化的、特有的、能识别的心智概念来表现其差异性，从而在人们的意识当中占据一定位置。品牌建设具有长期性。

狭义的"品牌"是指一种拥有对内对外两面性的"标准"或"规则"，是通过对理念、行为、视觉、听觉四方面进行标准化、规则化，使之具备特有性、价值性、长期性、认知性的一种识别系统的总称。这套系统我们称为CIS（Corporate Identity System）体系。

品牌是营利工具中载体要素的重要评估项，优秀的品牌自带营销功能。现代营销学之父科特勒在《市场营销学》一书中对品牌进行这样定义：品牌是销售者向购买者长期提供的一组特定的特点、利益和服务。

青年创业者要在第一时间为自己的企业树立品牌并作为核心资产，甚至在项目正式启动前就应该做好基础布局，如进行商标注册。目前，我国的注册商标有45个大类，很多创业团队刚开始会在某个类别注册商标，再根据项目运行情况注册其他类别，而部分成熟的企业在启动一个新项目之前会在所有类别保护性地实施商标注册。

在文字和图形两种商标形态中，大多数创业者会优先选择文字商标，文字商标更容易成为品牌称号。除了国家知识产权局商标局设定的45类注册商标是一种品牌称号，一些地方为某个行业评定的"老字号"从某个角度讲也是一种品牌称号，某些行业领域的行政监督机构评定的企业信用等级也可作为一种品牌称号。由此看来，品牌的孕育是一项系统化的工作，应该从以下六个方面来孕育和树立品牌。

（1）属性：品牌代表着特定商品和服务的属性，这是品牌最基本的含义。

（2）利益：品牌不仅代表着一系列属性，还能带来某种特定的利益。

（3）价值：品牌体现了创造者的某些价值。

（4）文化：品牌附着在特定的文化上。

（5）个性：品牌反映一定的个性。

（6）用户：品牌暗示了购买或使用产品的用户类型。

商业发展至今，社会上出现了大量的品牌，这其中，属于优质资产的还是"三牌"，即老牌、大牌、名牌。有些机构会每年对品牌的影响力和价值进行排名打分，如图5-9所示的是某机构公布的中国品牌2018年度分数排名。

Rank	Home	2018	Score
1	China		72.5
2	China	Haier	70.7
3	China	SF	70.5
4	China	GREE	70.2
5	China	中国银行	69.7
6	China		69.6
7	China		69.5
8	China		69.5
9	China	JNC	69.3
10	China		69.3

图5-9 某机构公布的中国品牌2018年度分数排名

随着自媒体平台的大众化普及，人们似乎对品牌产生了新的认知，对如何打造品牌也有了新思维，很多人愿意通过展现自身形象并传达自己的价值观建立与用户的关系，这种看似非商业化的活动也形成了品牌效应，他们也被贴上各种品牌化标签，如网红、大V、UP主、意见领袖等。

很长时间以来，世界上关于谁是最有价值的品牌这一争论从来没有停止过，在互联网时代，智慧的中国人创立了一个独特的"品牌"，让这个争论似乎变得没有了意义，这个独特的"品牌"就是"双十一"。

3. 专利

专利一词从字面上是指专有的权利和利益。"专利"一词来源于拉丁语 Litterae patentes，意为公开的信件或公共文献，是中世纪的君主用来颁布某种特权的证明，后指英国国王亲自签署的独占权利证书。

在现代，专利一般是由政府机关或者代表若干国家的区域性组织根据申请而颁发的一种文件，这种文件记载了发明创造的内容，并且在一定时期内产生了一种法律状态，即获得专利的发明创造在一般情况下只有经专利权人许可才能被他人使用。

在我国，专利分为发明专利、实用新型专利和外观设计专利三种类型。

（1）发明专利

发明是指对产品、方法或者其改进所提出的新的技术方案。发明专利并不要求它是经过实践证明可以直接应用于实际生产的技术成果，它可以是一项解决某个技术问题的方案或一种构思，具有实际应用的可能性。

发明专利申请审批流程：专利申请—受理—初审—公布—实质审查请求—实质审查—授权。我们可以简单地将发明专利申请审批流程分为两个阶段，首先是专利申报受理与公布，完成这一阶段就意味着专利局认可了申报的技术是一种新的专利技术，然后通常是3—5年的实质审查与观察期，这期间如果没有其他人提出申诉或者市场上没有家喻户晓的产品已经提前应用这一技术，专利局就把授权颁发给申报人。

（2）实用新型专利

实用新型是指对产品的形状、构造或者其结合所提出的实用的、新的技术方案。

同发明一样，实用新型专利保护的也是一个技术方案。但实用新型专利保护的范围较窄，它只保护有一定形状或结构的新产品，不保护方法及没有固定形状的物质。实用新型专利的技术方案更注重实用性，其技术水平较发明而言要低一些。多数国家定义的实用新型专利都是指比较简单的、改进性的技术发明，也可以称为"小发明"。

授予实用新型专利不需经过实质审查，手续比较简便，费用较低。因此，关于日用品、机械、电器等方面的有形产品的小发明，比较适用于申请实用新型专利。

（3）外观设计专利

外观设计是指对产品的形状、图案或其结合及色彩与形状、图案的结合所做出的富有美感并适于实际应用的新设计。

外观设计专利与发明专利或实用新型专利有着明显的区别，外观设计专利注重的是设计者对一项产品的外观所做出的富有艺术性、具有美感的创造，但这种艺术性的创造，不是单纯的工艺品，它必须具有能够为实际所应用的实用性。这种设计可以是平面图案，也可以是立体造型，更常见的是这二者的结合。

外观设计专利实质上保护的是美术思想，而发明专利和实用新型专利保护的是技术思想。例如，一把雨伞，如果它的形状、图案、色彩相当美观，那么应申请外观设计专利；如果雨伞的伞柄、伞骨、伞头等某个结构设计精简合理，可以节省材料或有耐用的功能，那么应申请实用新型专利。

专利是知识产权的一部分，知识产权中还包含另一类值得关注的专属权利——著作权。对于一些学术研究型机构和依托计算机、互联网创业的机构，著作权比专利更具有资产属性。例如，教育系统通常以取得著作权的数量作为判断学校等机构的学术水平的一项指标，软件开发机构也以取得软件著作权的数量来证明自己的技术水平。

获取专利和著作权应该成为企业设定的资产目标，获得高价值的专利认证是创新力最直观的体现。

4. 特许

商业特许经营是许可证贸易的一种变体，特许权转让方将经营系统或服务系统转让给其他独立的经营者，后者则向前者支付一定金额的特许费用。

1）商业特许

在中国，《商业特许经营管理条例》第三条规定：本条例所称商业特许经营（以下简称特许经营），是指拥有注册商标、企业标志、专利、专有技术等经营资源的企业（以下称特许人），以合同形式将其拥有的经营资源许可其他经营者（以下称被特许人）使用，被特许人按照合同约定在统一的经营模式下开展经营，并向特许人支付特许经营费用的经营活动。企业以外的其他单位和个人不得作为特许人从事特许经营活动。

商业特许经营的类型一般可按资金投入、交易形式、加盟者性质等进行划分。按资金投入可分为工作型特许经营、业务型特许经营和投资型特许经营。按加盟者性质划分，可分为区域特许经营、单一特许经营和复合特许经营。

获得一些市场占有率高的老牌、大牌、名牌企业的特许经营权，是解决企业生存的不二选择。例如，拥有茅台集团专卖店资格的创业者，依靠极具稀缺性的茅台酒的配额销售，每年都可以获得一笔稳定的收益。再如，获得一些优秀的电子商务O2O平台在某个城市或区域的代理商资格，可以被动、广泛地获得客户资源。可见，商业特许经营权也是重要的企业资产。

商业特许经营权中含金量高的是国企、央企、大型民营企业的授权许可，因为它们既掌握了大量商业资源，还培育了众多有价值的知识产权，创业者能共享这些资源是再好不过的事情了。

2）行政许可

行政许可是指行政机关根据公民、法人或者其他组织的申请，经依法审查准予其从事特定活动的行为。

从行政许可的性质、功能和适用条件的角度，其大体可以划分为五类：普通许可、特许、认可、核准、登记。

普通许可：准许符合法定条件的相对人行使某种权利。凡是直接关系到国家安全、公共安全的活动，基于高度社会信用的行业的市场准入和法定经营活动，直接关系到人身健康、生命财产安全的产品与物品的生产及销售活动，都适用于普遍许可。如烟花爆竹生产与销售的许可等。

普通许可有两个显著特征：一是对相对人行使法定权利附有一定的条件；二是一般没有数量控制。

特许：行政机关代表国家向被许可人授予某种权力或者对有限资源进行有效配置的管理方式。特许主要适用于有限自然资源的开发利用、有限公共资源的配置、直接关系到公共利益的垄断性企业的市场准入。如出租车经营许可、排污许可等。

特许有两个主要特征：一是相对人取得特许后，一般应依法支付一定的费用，所取得的特许可以转让、继承；二是特许一般有数量限制，往往通过招标、拍卖等公开、公平的方式决定是否授予特许。

认可：对相对人是否具有某种资格、资质的认定，通常采取向取得资格的人员颁发资格证书、资质证书的方式。如会计师、医师的资质。

认可有四个特征：一是主要对适用于为公众提供服务、与公共利益直接有关，并且具有特殊信誉、特殊条件或特殊技能的自然人、法人或者其他组织的资格、资质的认定；二是一般通过考核方式并根据考核结果决定是否认可；三是资格、资质是对人的许可，与人的身份相联系，但不能继承、转让；四是没有数量限制。

核准：是行政机关按照技术标准、经济技术规范，对申请人是否具备特定标准、规范的判断和确定。主要适用于直接关系到公共安全、人身健康和生命财产安全的重要设备、设施的设计、建造、安装和使用，以及直接关系到人身健康和生命财产安全的特定产品、物品的检验、检疫。如电梯安装的核准，食用油的检验。

核准有三个显著特征：一是专业性、技术性；二是一般要根据实地验收、检测来决定；三是没有数量限制。

登记：是行政机关对个人、企业是否具有特定民事权利能力和行为能力的主体资格和特定身份的确定。如法人或者其他组织的设立、变更和终止，工商企业注册登记、房产所有权登记等。

登记有三个显著特征：一是未经合法登记的法律关系和权利事项是非法的，不受法律保护；二是没有数量限制；三是对申请登记材料一般只进行形式审查即可当场做出是否准予登记的决定。

一些区域性和行业性的行政许可具有很高价值，其价值来自法律的保障和资源的稀缺，创业者个人和企业如果能获得一些高价值的行政许可，在商业活动中就可以占得先机，甚至可以迅速在行业或区域内确立领先地位。

（五）做好专业配置及资产组合

当企业进化到一定程度，尤其是在企业 3.0 阶段，创业者需要承担的社会责任更大，企业也会形成"树大招风"的局面，会遇到更多不可预测的风险，研究和运用这条规律，就是为了控制风险，使企业发挥出最大效能。

1. 专业配置

随着学术理论的提高和科学技术的创新，社会生产率也逐渐提高，这会使过去的一些专业领域逐渐失去营利能力。在构建企业资源塔时，从人才储备开始，就必须做好专业配置的规划，不能期望永远依托创业初期的专业能力给企业带来持续的利益。如果有计划跨界到新的行业，就要求创业者跟踪研究未来的朝阳行业，根据对未来的行业布局规划做好专业配置，同时还要在人脉资源、人力资源、人才储备等方面做好同步调整。

2. 资产组合

在企业资产中，除了经营性资产，还有投资性资产。由于事业、家业与职业既相互独立又相互作用，因此，从创业人生的宏观角度看，无论是企业还是个人的资产都应该作为财富业态中整体资产的一部分。

建立资产组合是为了确保资产保值、增值的通行做法，其有效性是经过了经济学家研究论证的。

现代资产组合理论最初是由美国经济学家哈里·马科维茨于1952年创立的，他认为最佳投资组合应当是具有风险厌恶特征的投资者的无差异曲线和资产有效边界线的交点。威廉·夏普在这个理论的基础上提出了单指数模型，并提出以对角线模式来简化方差—协方差矩阵中的非对角线元素。他据此建立了资本资产定价模型，指出无风险资产收益率与有效率风险资产组合收益率之间的连线代表了各种风险偏好的投资者组合。根据上述理论，投资者在追求收益和厌恶风险的双重驱动下，会根据组合风险收益的变化调整资产组合的构成，进而会影响市场均衡价格的形成。不要把资产组合理论与中国老百姓熟知的"鸡蛋不放一个篮子"这样的观念做类比，因为中国这一传统观念只体现了两个工具或要素——"鸡蛋"与"篮子"，而资产组合这门学问所涉及的工具种类与相关要素都更多。

1990年，三位美国经济学家亨利·马科维茨、威廉·夏普和默顿·米勒共同获得了诺贝尔经济学奖，他们的"资产组合理论"至今仍被认为是金融经济学理论的基础，被誉为"华尔街的第一次革命"。

在经历过一轮经济周期之后，会出现大量投资失败者（约占投资者总数的90%）和极少数投资成功者（约占投资者总数的10%）。研究这10%的投资成功者，会发现他们其中91.5%的人都做了组合投资，如图5-10所示。

3. 企业效能

效能是指事物所蕴藏的有利的作用。效能是衡量工作成果的尺度，效率、效果、效益是衡量效能的依据。

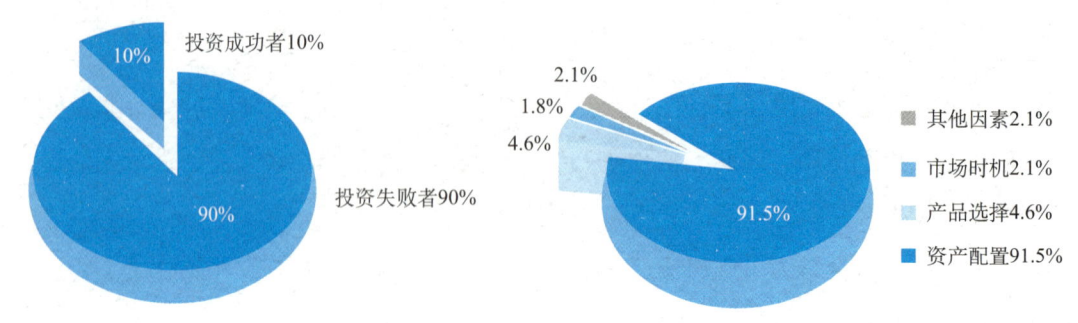

图 5-10　运用资产组合理论的投资者占比

创业者需要特别注意：效能和效率两者是不同的概念。

效能更像是从战略角度考虑的，而效率则是从战术层面考虑的，也就是说，两者是"大处着眼"与"小处着手"的关系。在现实生活中，不管是企业还是个人，人们关注的重点都在后者，即效率。比如，老板一有什么想法，就发动大家开动脑筋、鼓足干劲地工作，同时提出各种提高工作效率的方式方法来指导大家，期望大家能尽快达成某个目标。其实，如果先冷静下来，对问题进行认真分析，也许会发现，这可能并不是一件值得做的事情，甚至是对公司业务有损害的事情。这就是一个只考虑效率而不考虑效能的例子。

管理大师彼得·德鲁克曾在《有效的主管》一书中简明扼要地指出：效率是"以正确的方式做事"，而效能则是"做正确的事"。尽管效率和效能都不应偏废，但这并不意味着效率和效能具有同样的重要性。我们当然希望同时提高效率和效能，但在效率与效能无法兼得时，我们首先应着眼于效能，然后再设法提高效率。

大多数创业者都希望能尽快实现财务和时间的自由，因此专注于效率，或者说专注于"术"的运用，这就导致其在事业经营中运用各种商业手段赚取利益，这样的方式很容易给创业者造成心理负担，或者说使其心灵变得不自由。这些情况往往是没有效能意识或者是对效能不够重视造成的。希望新时代的中国青年能通过完整的创业观的修炼，使自身能够在创业初期就具有效能思维和能力，这样就可以在创业过程中尽可能同步地实现财务、时间和心灵的自由。

用优秀企业的成长历程检验创业成长五大规律，均能体现出这些规律是客观存在的。很多优秀的企业家也许没有学术上的规律意识，但其具体的创业行为正好与五大规律的理论要素相符，因此，获得了连他自己都意想不到的成就。

通过对五大规律的学习，青年朋友们对创业应该会有了深刻的领悟。这里分享一段话给大家：万贯家财，不如一技在身；满腹经纶，不如一善在心；高谈阔论，不如一言九鼎；长篇累牍，不如一字千金。

图 5-11 所示为企业的生存与发展和五大规律的关系，图 5-12 则展示了企业的生存与发展是相互交融的关系。

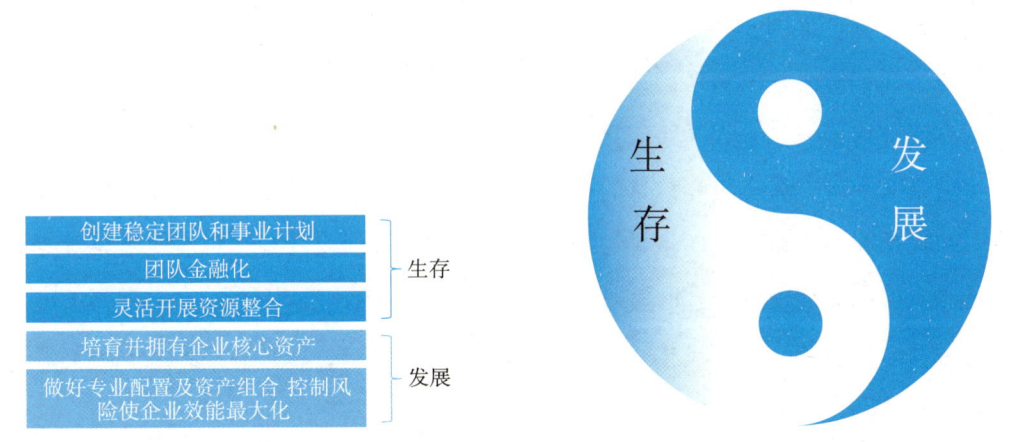

图 5-11　企业的生存与发展和五大规律的关系　　图 5-12　企业的生存与发展之间相互交融的关系

借助古老的太极图形来总结这一章的理论，是为了传达"大道至简"这一智慧理念，也希望帮助创业者跳出学术理论形成的流程化逻辑，摆脱知识结构的束缚，从而调动其自身的感知能力结合理论运用去评估自身与环境。五大规律之间既相生又相克。因为创业者所处环境各不相同，在规律实践上的侧重点也各有不同，所以五大规律的实践可以不设先后顺序。

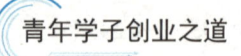

二、持续学习与进化

（一）世事无常

通过前面章节的学习，青年人应强化这样的意识：创业是一件持续终生的事情。修炼思维、整合要素、研究并践行规律三者之间不是独立的，而是有一定的逻辑关系，如图5-13所示，它们共同构成了我们终生学习的目标。

图5-13 终生学习目标

有研究表明，当今人类每天接收的信息相当于18世纪时人类三个月的信息量。或许将来有一天，人类接收信息的速度可能像将信息导入U盘一样迅速。信息量越大，垃圾信息也就越多。所谓学习与进化，就是要求创业者有针对性地接收对专业技能和人格商数能带来提升的信息，这样才能快速进化。

为什么要持续学习与进化，这不但是可持续思想的主观要求，还基于一个独特的世界观认知——世事无常。

所谓世事无常意思就是说万事万物都是变化的，没有永远固定不变的事物。这个词有两个层面的含义，第一就是世间的人无常，或者说人的生命状态和心态是变化无常的；第二就是世间事物的进化演变是无常的。从宇宙时空这个宏观层面看，世间的万物也都整体动态运行着，并非静止于时空，运行轨迹与时空演变究竟怎样，无从探寻，因此，永远一成不变的事物是不存在的。

青年朋友要清醒认识到，尽管我们所处的世界存在大量的规律甚至定律，很多事物在表象上也有共性特征，仿佛世间事物皆有规律可循。然而，其中很多的规律都会随着时光变迁而改变，也就是说规律有时效性，完全依赖规律容易形成错误的世界观和固化的自我意识。因此，创业者需要不断跳出"自我"，与时俱进地学习和修炼，才能适应无常的时势变迁。

一些人会通过独特的方式修习自己的感知能力，让自己能更好地探寻自己的内心。例如，通过简单练习冥想，即可帮助人们告别负面情绪，使心灵变得更加纯净和坚强。

很多时候，通过有效的总结和冥想式的思考，可以从现实案例中总结更多可以被运用的经验。面对如何翻越房产这座"大山"的问题，图5-14所示案例可以给我们一些启发。

图 5-14　两个青年人的职业经历

（二）思想的维度

思想是指客观存在的反映在人的意识中经过思维活动而产生的结果，是人类一切行为的基础，思维活动本质上就是启动认知和智力探索事物的本质和规律的脑力活动。因为每个人的认知和智力不同，思维活动的结果也不同，这就形成了思想的维度差别。这就像物理学有一维空间、二维空间、三维空间是一样的道理，在高维空间观察低维空间，整个低维空间一览无遗。

传统的财富观念认为，投资是将自己的资本投在具有资产属性的工具上，以赚取未来某一刻的增值收益。有了金融思维，投资被认为可以借用金融资本为自己赚取未来的增值空间。而结合了互联网思维后，投资理念又得到升华，投资被认为是集合众人的资本与资源共同推动一个项目持续运行，在过程中价值的增长和效益分配同步进行。

在创业学术方面，互联网思维这个概念比财富观、金融思维出现得更晚，但实际上，互联网思维并不是有了互联网才出现的思维模式。互联网思维的基础形态就是分享与复制，这是在互联网出现之前的商业社会就已经是普遍了的形态。只是互联网时代孕育的技术和工具让分享和复制变得高效，能更快地传播价值、更高效地整合资源。

站在互联网思维的顶峰远眺第四次工业与科技革命，我们还能看到什么呢？美国作家凯文·凯利在《必然》一书中，给了一些理性的预测，书中对未来的展望趣味十足，充满画面感。比如书中写道："未来，你的薪水高低将取决于你能否和机器人默契配合。90%的同事将会是看不到的机器，而没有它们，你的大部分工作将无法完成。"今天我们对未来充满无限期待，用天马行空的想象力描述它，但真正伟大的东西远远超出我们的想象。未来是令人难以置信的，因此，我们须相信那些看起来似乎不可能的事情，因为我们尚处在开始的阶段。

以下摘录的是一些值得研究的结论和推断：

在信息丰富的世界里，唯一稀缺的资源就是人类的注意力。

当所有商品的费用都在向零靠近时，唯一一件还在增加费用和支出的事情就是人类的体验——这是无法被复制的。

在今天，我们生活中每项显著变化的核心都是某种科技。科技是人类变革的催化剂。

我列出了至少8种比起我们在可以免费得到一些的产品时，更需要获得的无形价值，分别是即时性、个性化、解释性、可靠性、获取权、实体化、可赞助、可寻性。

在我们向使用权靠拢并远离所有权的长期进程中，有五个深层的科技发展趋势起着推动和促进的作用：减物质化、按需使用的即时性、去中心化、平台协同、云端。

在未来，我们所有人都会一次又一次地成为拼尽全力而避免掉队的菜鸟，永无休止，无一例外。原因在于：首先，在未来30年中，大部分可以主导生活的重要科技将会陆续发明出来，面对这些科技，你自然会成为一个菜鸟；其次，因为新科技需要无穷无尽地升级，你会一直保持菜鸟的状态；再次，因为淘汰的循环正在加速，在新科技被淘汰前，你不会有足够的时间来掌握任何事情，所以你会一直保持菜鸟的身份。"永远是菜鸟"是所有人的新设定，这与你的年龄、你的经验都没有关系。

我们发明新事物的速度已经超出了我们"教化"这些新事物的速度。

每次工业和科技革命的重要时期都会出现行业变革甚至是极端的变革，如果说后互联网时代是孕育第四次工业和科技革命的主要时期，那么在这一期间，所有国家都会经历痛苦的经济震荡，人们也会面临巨大的生存压力。而且在这期间，各种标榜着技术创新和模式创新的企业层出不穷，人们更需要擦亮慧眼去识别。

（三）区块链

区块链是分布式数据存储、点对点传输、共识机制、加密算法等计算机技术的新型应用模式。

狭义来讲，区块链是一种按照时间顺序将数据区块以顺序相连的方式组合成的一种链式数据结构，并以密码学的方式保证的不可篡改和不可伪造的分布式账本。

广义来讲，区块链技术是利用块链式数据结构来验证与存储数据、利用分布式节点共识算法来生成和更新数据、利用密码学的方式保证数据传输和访问的安全、利用由自动化脚本代码组成的智能合约来编程和操作数据的一种全新的分布式基础架构与计算方式。

一般说来，区块链系统由数据层、网络层、共识层、激励层、合约层和应用层组成。其中，数据层封装了底层数据区块及相关的数据加密和时间戳等基础数据和基本算法；网络层则包括分布式组网机制、数据传播机制和数据验证机制等；共识层主要封装网络节点的各类共识算法；激励层将经济因素集成到区块链技术体系中来，主要包括经济激励的发行机制和分配机制等；合约层主要封装各类脚本、算法和智能合约，是区块链可编程特性的基础；应用层则封装了区块链的各种应用场景和案例。该模型中，基于时间戳的链式区块结构、分布式节点的共识机制、基于共识算法的经济激励和灵活可编程的智能合约是区块链技术最具代表性的创新点。

区块链主要解决交易的信任和安全问题，因此它针对这个问题提出了四个技术创新。

1. 分布式账本

交易记账由分布在不同地方的多个节点共同完成，而且每个节点都记录的是完整的账目，因此它们都可以参与监督交易合法性，同时也可以共同为其作证。

2. 非对称加密和授权技术

存储在区块链上的交易信息是公开的，但是账户身份信息是高度加密的，只有在数据拥有者授权的情况下才能访问到，从而保证了数据的安全和个人的隐私。

3. 共识机制

所有记账节点之间达成共识去认定一个记录的有效性，这既是认定的手段，也是防止篡改的手段。区块链提出了四种不同的共识机制，适用于不同的应用场景，在效率和安全性之间取得平衡。

区块链的共识机制具备"少数服从多数""人人平等"的特点。其中"少数服从多数"并不完全指节点个数，也可以是计算能力、股权数或者其他计算机可以比较的特征量。"人人平等"是指当节点满足条件时，所有节点都有权优先提出共识结果，直接被其他节点认同后，最后有可能成为最终共识结果。

以比特币为例，采用的是工作量证明，只有在控制了全网超过51%的记账节点的情况下，才有可能伪造出一条不存在的记录。当加入区块链的节点足够多时，这基本上不可能发生，从而杜绝了造假。

4. 智能合约

智能合约是基于某些可信的、不可篡改的数据，自动化地执行一些预先定义好的规则和条款。以保险为例，如果说每个人的信息（包括医疗信息和风险发生的信息）都是真实可信的，那就很容易在一些标准化的保险产品中进行自动化的理赔。

可以使用区块链技术的领域：

（1）智能合约。

（2）证券交易。

（3）电子商务。

（4）物联网。

（5）社交通信。

（6）文件存储。

（7）存在性证明。

（8）身份验证。

（9）股权众筹。

区块链的进化方式有以下几种：

（1）区块链1.0——数字货币。

（2）区块链2.0——数字资产与智能合约。

（3）区块链3.0——各种行业分布式应用。

表3-2中所示的是2017年全球区块链企业专利数量排行（前10名），从中可看出，中国企业在区块链技术方面的研究投入很高。

表 5-2　2017 年全球区块链企业专利数量排行（前 10 名）

排名	申请人	国别	2017 全球专利数量 / 件	全球专利总量 / 件
1	阿里巴集团控股有限公司	中国	43	49
2	Bank of America Corporation	美国	33	44
3	中国人民银行数字货币研究所	中国	33	33
4	Nchain Holings Limited	安提瓜和巴布达	32	34
5	北京瑞卓喜投科技发展有限公司	中国	26	27
6	Mastercard International Incor porated	美国	25	45
7	江苏通付盾科技有限公司	中国	23	23
8	中国人民银行印制科学技术研究所	中国	22	22
9	深圳前海达闼云端智能科技有限公司	中国	17	17
10	中国联合网络通信集团有限公司	中国	16	19

区块链绝非数字货币和金融游戏的专属工具，而是有更广泛用途的互联网创新技术。未来，人的程序化思维和编程能力有可能像今天的汽车驾驶能力一样，成为基础技能，因为在我们身边的所有设备，都是安装了芯片和程序的智能机器。

第六章
完整的创业规划

关键词：

人脉　职业素养　家庭关系　家风　自强不息　厚德载物
资产性收入　三条财富路径　传承　五个零　沙龙　集训

通过对前面内容的学习，青年创业者应深刻认知到，创业的核心任务是以创造价值并合理转化的方式获得人生财富，直至实现财富自由这样的终极目标。财富分布在职业、家业和事业三个方面。

一、职业财富

（一）职业人脉

一般来讲，在合作交往方面处于信任级的人脉，就可以被称为职业人脉，这其中自然包括同事与客户。优质的职业人脉能帮助创业者提升职业技能、拓宽职业格局、提高职业素养。在通常情况下，市场型人才比制度型人才拥有更丰富的人脉资源，但制度型人才的人脉关系的稳定性又比市场型人才更好。

每个人都要给自己设定相应的职业身份，只有这样才能有效地结交职业人脉。有研究者认为，快速建立并巩固人脉关系需要掌握一些给对方带来好感与信任的方法，这些方法主要应用于两方面，一是基于品牌管理学的形象打造和包装，二是基于行为和心理学的言行举止锻炼。

（二）职业资格

如果要追求更加自由的人生状态，在职业上就要降低对企业内部职级晋升的渴求度，重点遵循国家和相关行政部门制定的职业资格制度并尽量多地获得资格认证。通常情况下，拥有职业资格证越多且资格等级越高的人，工作时间越自由，职业收入越稳定，这不仅是因为这些人的知识和能力的因素，制度型人才的职业收入常常体现了国家对于财富再分配的调节作用。甚至有些职业资格是具有权力属性的。

青年人在其成长目标上要设定这样的奋斗顺序：职业资格证目标→公务员目标→市场型人才目标→企业内部职级目标→复合型人才目标，如图6-1所示。

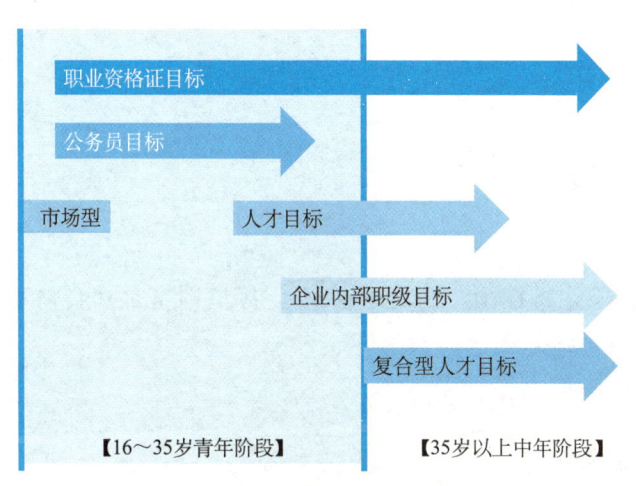

图 6-1　青年人应设定的奋斗目标顺序

（三）职业收入

职业收入是青年人解决生存需求的主要收入，甚至是唯一收入。以往人们认为职业收入就是工资收入，但随着社会的发展，传统行业不断细分，新兴行业不断出现，很多人的职业收入已经不仅仅只有工资性收入。现在我们所说的职业收入，大多包括以下形式：工资收入、兼职收入、顾问收入、评审收入、经纪收入、个人知识产权收入等，这些收入形式，都可以用个人的名义获取。

按照时间和精力投入程度的不同，职业收入大致可以分为三个类别或层级。

（1）A类约束型主动收入：主要有工资收入、兼职收入等。

（2）B类自由型主动收入：主要有评审收入、经纪收入、顾问收入等。

（3）C类自由型被动收入：主要是知识产权类收入等。

A类收入是每个有劳动能力的人都可以获得的。想要获得B类收入，创业者需要做好三点，即不断积累高端职业人脉、获取高等级的职业资格证书或许可、刻苦训练并掌握独特的技艺。获得C类收入的人在普通职业人群中所占比例极少，但只要创业者对一切事物保持好奇心，潜心研究总结、尝试发明创造，就有机会获得这样的收入。

二、家业财富

孟子曰："天下之本在国，国之本在家"。家庭财富是社会财富不可分割的组成部分。

（一）家庭关系

家庭关系亦称家庭人际关系，是家庭成员之间固有的特定关系。其表现为不同家庭成员之间的不同联系方式和互助方式，是联结家庭成员之间的纽带。它的特点是以婚姻和血缘为主体，并由有婚姻和血缘关系的人生活在一起构成；以代际关系为层次、以家庭同代人的多少为幅度，构成家庭中几代人或同代人之间的传递和交往。

青年人基本都会经历组建家庭这一过程。虽说能在茫茫人海中结识优秀伴侣是青年人梦寐以求的事情，而且对"情与爱"的寻觅和体验是青年人生活的主旋律，但殊不知，爱情从来就不是家业的基石，更不是真正能伴随情侣双方一生的财富。爱情仅仅是姻缘的一个要素，真正能使双方做到"执子之手，与子偕老"的，一定是发自内心的对人格涵养的相互欣赏和创业过程中的互帮互助。

家庭成员的角色定位对建立良好的家庭关系至关重要。以夫妻关系为例，中国古人的智慧已经清楚地告诉了我们"天行健，君子以自强不息；地势坤，君子以厚德载物"的道理。从家庭这个小单位的角度去理解，这句话把男人和女人的角色定位做了总结，通常认为，男人自强不息地创造和发展是其真正的天性；女人要做到厚德载物,具有强大的包容力,这样才能给男人安全的港湾和持续的能量。

家庭成员有了角色定位,才能更好地分工。很多人对"男女平等""尊老爱幼"的理解过于太片面和简单,这会导致在角色定位和分工上违背客观规律,进而引起家庭关系不和睦。比如,很多父母为了表现对子女极致的爱护,深度干预子女的职业规划和姻缘,而子女为了表现对长辈的尊重,也愿意将自己的人生命运交给父母安排,这些通过改造他人和接受他人改造的方式来维系的家庭关系,大多会演绎伤感的剧情,甚至发生悲剧。

真正和睦的家庭中,每个家庭成员会展现出相同特质的性格,这非常有助于家庭成员之间沟通交流,当共同面对问题时,可以很好地建立家庭共识,提高解决问题的效率。

(二)精神财富——家风

家风又称门风,指的是家庭或家族世代相传的风尚和生活作风,即一个家庭当中的风气。家风是给家中后人树立的价值准则。

家风,是建立在中华文化基础上的集体认同,是每个个体成长的精神足印;家风,是一个家族代代相传沿袭下来的体现家族成员精神风貌、道德品质、审美格调和整体气质的家族文化风格。家风对家族的传承、民族的发展都起到重要影响。

"积善之家必有余庆,积恶之家必有余殃"就是古人对家风的总结和概括。家风好,就能家道兴盛、和顺美满;家风差,难免殃及子孙、贻害社会。家风的"家",既是家庭的"家",也是国家的"家",可见,优秀的家风应该是立足家事又关心国事。

老子曰:"是以圣人处无为之事,行不言之教。"好的家庭教育和门风,需要家长以身作则,用自己的言行来教导孩子,这样的行为示范胜过千言万语。育人先育己,父母的言行永远是孩子的榜样,依托好的家教和家风,给孩子良好的成长环境，这样才能让孩子有所作为。良好的家风对下一代有着深远的影响，尤其决定他们为人处世的态度和方式。

可以说家风是一个家庭最为宝贵的财富，是一个家庭能够健康发展的精神支柱，对家风的培育和传承是创业者毕生的工作。

家庭是社会的基本细胞，是人生的第一所学校。不论时代发生多大变化，也不论生活状况发生多大变化，中华儿女都要重视家庭建设，注重家庭、注重家教、注重家风，紧密结合社会主义核心价值观，弘扬中华民族传统家庭美德，促进家庭和睦，促进亲人相亲相爱，促进下一代健康成长，促进老年人老有所养，使千千万万个家庭成为国家发展、民族进步、社会和谐的重要元素。

优秀家风应该要具备以下宏观特性：对先贤与先祖文化的传承性；有家庭或家族价值观的普世性和独特性；有融入国家规划和社会事业的积极能动性。

（三）物质财富

尽管有的人说，幸福指数与富裕程度关系不大，但家庭财富规模主要的衡量指标包含物质财富，主要体现在家庭资产及资产性收入，它可以分为固定资产和流动资产。

表 6-1 所列为一张适合普通家庭投资的资产类别表，对于青年创业者来讲，房产（住宅、商业）和股票作为有可观回报又相对容易学习和掌握的理财工具，应该要首先学习和研究，这两类工具也是中国绝大部分家庭资产配置的"两条腿"。

表 6-1 适合普通家庭投资的资产类别表

投资回报率越大风险越高				
3%~5%	5%~10%	10%~0%	20%~30%	30%~50%
存款	债券 保险	基金 黄金	住宅地产	股票 外汇 期货 收藏 商业地产

所谓资产性收入,也称财产性收入,是指通过将所拥有的专属资产运用到生产生活相关的商业活动中所获得的收入,即家庭拥有的动产(如银行存款、有价证券)和不动产(如房屋、车辆、收藏品等)所带来的被动收入。资产性收入包括出让财产使用权所获得的利息、租金和专利收入,财产营运所获得的红利收入、财产增值变现收益等。在通常情况下,家庭资产性收入比职业收入更具有增长空间和持续性。

创业者在做资产配置的时候,一定要重视保险的配置。俗话说,无论财富数字后面有多少个零,确保第一个数字不是"零"才是最重要的。

比较适合中国普通家庭配置的资产主要是房产和股票,这两项资产的选择有重要的标准,也有一些投资原则,这些资产的选择标准和投资原则是一些投资人经过实践研究总结出来的。这些资产的选择标准和投资原则汇集成了一套家庭投资理财的学术理论,它填补了中国家庭财富教育的学术空白。投资理财的学术理论可以认为是创业理论的一部分,因为创业本质上就是投资。如果说创业是解决财富从无到有的问题,投资理财则是解决财富由少到多的问题。

让家业财富增值是家庭理财的目标。理财虽说是一门重要的学问,但在中国普及度不高,目前接受过理财专业培训并获得职业认证的人主要就职于金融和保险行业,他们服务的只是少数有理财意识和理财需求的人。

在理财这门学问中,人的一生被分为五个生命时期:单身期(职业期)、家业和事业形成期、家业和事业成长期、退休前期、退休后。在不同时期,财富积累的目标和方式是不同的。在不同生命时期,个人与家庭的理财方式与理财规划分别见表 6-2 和表 6-3。

表 6-2 不同生命时期的个人理财方式

生命时期	人生阶段	时间周期	年龄段	人生状态	理财方法
单身期 (职业期)	工作到结婚	2~8 年	18~30 岁	原始积累	尽可能多地获得财富

续表

生命时期	人生阶段	时间周期	年龄段	人生状态	理财方法
家业和事业形成期	结婚到孩子出生	1~3年	26~35岁	生活开始稳定	最大支出一般为购房支出
家业和事业成长期	孩子出生到大学毕业	18~28年	26~48岁	生活基本稳定	增加各类资产投资，积累财富
退休前期	孩子工作到自己退休前	10~15年	45~60岁	生活完全稳定	获取更加稳健投资收益

表 6-3　不同生命时期的家庭理财规划

生命时期	家庭模型	家业财富需求	理财规划
单身期（职业期）	青年家庭	租凭住房 日常生活支出 偿还贷款 储蓄 小额风险投资	现金规划 消费支出规划 投资规划
家业和事业形成期	青年家庭	购买住房、汽车 子女出生和养育支出 增加收入 偿还贷款 风险保障 储蓄和投资	子女教育规划 消费支出规划 风险管理规划 投资规划 现金规划 养老金规划
家业和事业成长期	中年家庭	购买住房、汽车 子女教育费用 增加收入 偿还贷款 风险保障 储蓄和投资 养老金储备	子女教育规划 消费支出规划 风险管理规划 投资规划 退休养老规划 现金规划 税收筹划
退休前期	中年家庭	提高投资稳定性 养老金储备 财产传承	退休养老规划 投资规划 税收筹划 现金规划 财产传承规划

在家庭理财可以选择的投资工具中，房产和股票是最普及的，但很多家庭并没有系统地学习这两类投资工具的选择标准和投资原则，在此给大家分享有关股票选购的三类评估内容。

1）公司基本情况（十项）

（1）主营业务：公司主营业务收入占企业总收入60%以上。

（2）行业地位：公司在所处行业内排名前三，最好是名牌、老牌、大牌企业。

（3）核心团队、职业经理人：公司核心团队成员有五年以上管理经验，年龄在35—55岁之间，是具有高学历的人才或是本行内的专业人士。

（4）专有资源：公司拥有某些知名品牌或商业特许经营权，公司拥有某些专利权。

（5）上市时间：传统实体企业的上市时间5年以上，科技企业的上市时间不低于3年。

（6）市场占有率：公司产品的市场占有率在同行业内排名前三。

（7）行业发展前景：公司所处行业有重大利好机会，该行业受季节、政策、地域等的影响较小。

（8）市值规模：公司市值规模不宜过小，最好在100亿元以上。

（9）每年创新业务及新的研发：公司每年的创新业务和研发保持20%以上增长。

（10）拓展计划：公司的投资和融资政策稳健，并确认是否有收购和并购计划。

2）公司财务指标（十项）

（1）公司营业额连续三年稳定增长且增长率保持每年20%以上。

（2）公司主营收入连续三年稳定增长且增长率保持每年20%以上。

（3）公司每股收益连续三年达到0.3元以上，且持续增长。

（4）公司净利润连续三年稳定增长且增长率保持每年20%以上。

（5）公司净资产收益率连续三年稳定增长且增长率保持每年15%以上。

（6）实体企业的静态市盈率、动态市盈率最好能维持在20%以下。

（7）公司的经营性现金流为正数。

（8）公司的投资性现金流、融资性现金流最好为正数。

（9）公司的净现金流为正数。

（10）公司稳定可靠，每年都有配送股或分红。

3）同行业比较（十项）

（1）市场表现：公司各项经营指标比行业平均值高。

（2）行业市值排名：公司总市值在行业内排名前十。

（3）总股本：公司总股本在10亿股以上。

（4）流通A股：公司可流通A股的比例在50%以上。

（5）股本比例：公司流通股比例越高越好。

（6）主营收入：公司主营业务收入在行业内排名前三。

（7）每股收益：公司每股收益达到0.3元以上，在行业内排名靠前。

（8）毛利率：公司毛利率在行业内排名前十。

（9）净资产收益率：公司净资产收益率在行业内排名前三。

（10）市盈率：公司的静态和动态市盈率均低于行业平均值。

可以看到，股票投资是一门非常专业的学问，这么多的评估项足以让很多人望而却步，普通家庭做好股票的投资需要遵守"八字准则"——价值投资、长期持有。

青年朋友们更要尽早消除对股票及证券投资的陌生和恐惧感，这不仅有利于培育完整的财富观，还能让创业者在做事业规划的时候突破思维格局。现实社会中，确实有很多自由职业者和投资人，他们依托股票这样的金融工具获取财富，过着自由自在的生活。

三、事业财富

如果说职业财富仅仅依靠个人的努力即可实现，那么获得事业财富就需要一群人共同奋斗才能实现。事业财富包含以下三个方面。

（一）事业资源

事业资源主要是前文介绍的企业资源金字塔中需要培育和整合的资源，其中人脉资源和平台资源是重要的基础资源。

当团队金融化程度达到信念层级及以上时，人就在各种事业资源中起了更重要的作用，人脉关系亦如此。人脉资源不仅需要触及金钱并突破金钱，而且需要与其他事业资源形成共同体。

人脉资源的建立是一个漫长的过程，创业者需要积极主动地参与各类社交活动，在长期的人际交往中修炼人格商数，磨合性格，逐渐提升自己的金融素养。

在通常情况下，同一个人脉圈子里的人所具有的三观都很相近，甚至有相同的信念或信仰。想要快速获得人脉资源，必须要使自己建立与成功者相同的价值观体系，这就是前面章节提到的建立商业社群或者商学院的意义。

对于青年人而言，如果在事业上不可避免地要首先经历求职就业这个阶段，那么也应该尽量使自己进入一个拥有使命感和优秀价值观的企业或组织，因为这会为其建立和巩固事业上的人脉节约宝贵的时间。

当然，建立和培育其他的事业资源也是一个持续的过程，但需要注意的是，不是所有的资源都能一直存在和被支配。在建立和培育事业资源的过程中，需要把核心资源转化为资产，因为资产具有专属性。

（二）事业资产

表 6-4 反映的四类事业资产及其内容在前面章节已经做了详细介绍，需要注意的是，这些只是经营性资产。实际上，在事业进化过程中，众多企业会参与投资和融资，这样做还会获得其他资产，比如土地、房产等。

表 6-4　四类事业资产的内容

人才	品牌	专利	特许
制度型人才 市场型人才 复合型人才	注册商标 权威认证 信用等级	发明专利 著作权	商业特许经营 行政特许

投资性资产和家业资产一样，由两部分组成，即固定资产和流动资产。这里的固定资产主要是指满足办公和运营所需的资产，比如商铺、写字楼、厂房、土地、办公家具、电脑、服务器等；流动资产则包含现金、股权、债权及其他金融产品。

（三）事业收入

经营性资产和投资性资产是事业资产最主要的组成部分，这两类资产都能给企业带来经营收益和投资回报，这样的收益和回报通过既定的制度分配给股东及合伙人。创业者获得的经营收益和投资分红就是事业收入，事业收入被认为是"没有天花板的收入"，获得丰盛的事业收入是许多股权投资者专注的工作。

职业、家业和事业是青年创业者拥有的三条财富路径，或者说三种财富形态。只有这三种形态都能积累财富，才能真正解决人生的五大需求。

16—35岁的青年人，应对财富的三种形态排序，即职业、家业、事业。从时间线性思维理解，职业排第一，家业排第二，事业排第三。从时间和空间共同的角度看，家业是中心，职业和事业的目标是为家业的建立与巩固服务的。为什么是这个逻辑呢？

因为家业财富的传承是可以普遍实现的，事业财富的传承比较难实现，职业财富的传承几乎不可能实现。所以，在这三种财富形态中，家业应该是核心。在青年阶段，职业财富和事业财富首先要转化为家业上的资产，以此作为基础，才能更好的建立起家庭关系和其他的家业财富。当完整的家业财富基础构建好，其厚德载物的能量足以支撑青年人在职业和事业方面节节攀登,实现梦想。需要注意的是,创业者对这样的财富转化要做到有节制。古训"广厦千间,夜眠七尺;良田万顷,日仅三餐。"就是告诉我们节制之道。能时刻保持这样的意识和行为也是创业者充满智慧的体现。

综上所述,我们可以通过图 6-2 直观地理解职业财富、家业财富、事业财富之间的转化关系。

图 6-2　三种财富形态的转化关系

家业财富除了祖辈的传承,更多的是来自职业和事业财富的有效转化,职业财富和事业财富的波动变化很不稳定,风险也很难避免,因此确保家业财富的稳定应该是创业者财富管理的底线任务。

《礼记·大学》对于职业、家业、事业这三者的关系做了如下阐述:"古之欲明明德于天下者,先治其国;欲治其国者,先齐其家;欲齐其家者,先修其身;欲修其身者,先正其心;欲正其心者,先诚其意;欲诚其意者,先致其知,致知在格物。物格而后知至,知至而后意诚,意诚而后心正,心正而后身修,身修而后家齐,家齐而后国治,国治而后天下平。"

译文:古代那些要想在天下弘扬光明正大品德的人,先要治理好自己的国家;要想治理好自己的国家,先要管理好自己的家庭和家族;要想管理好自己的家庭和家族,先要修养自身的品性;要想修养自身的品性,先要端正自己的思想;要端正自己的思想,先要使自己的意念真诚;要想使自己的意念真诚,先要使自己获得知识,获得知识的途径在于认识并研究万事万物。通过对万事万物有所认识并研究,才能获得知识;获得知识后,意念才能真诚;意念真诚后,心思才能端正;心思端正后，才能修养品性；品性修养后，才能管理好家庭和家族；家庭和家族管理好了，才能治理好国家；治理好国家后，天下才能太平。

《礼记·大学》中所阐述的道理用于指导创业者开创其事业乃至做好人生规划都有指导意义。

诚意、正心、修身、齐家、治国、平天下，这样的修炼过程就是创造并拥有职业财富、家业财富和事业财富的过程。

四、规划与实施

青年大学生在毕业前会有一段时期处在时间充裕、梦想充裕的环境里，在这段时期他们可以在专业的创业理论指导下制定一份5年规划和一份详尽的1年实施方案。如果以财富年增长率20%为前提，5年规划可以把总资产目标设定为500万，由此推算，1年实施方案需要达成100万的年度总资产目标。

假设资产年增长率保持20%，资产净总比（净资产/总资产）保持30%，前期只需要30万资金投入即可超额完成5年规划中的总资产500万的目标。

我们可以用下面几个数据表格来模拟实现5年规划中资产目标的过程。表6-4模拟的是第一年调整前和调整后的资产状况。

表6-4 第一年调整前和调整后的资产情况

第一年调整前	总资产	30万元		第一年调整后	总资产	100万元
	负债	0万元			负债	70万元
	净资产	30万元			净资产	30万元
	净总比	100.00%			净总比	30.00%

第二年，总资产增值20%，不增加投资，按照净总比30%做调整，资产的具

体情况见表 6-5。

表 6-5　第二年调整前和调整后的资产情况

第二年调整前	总资产	120 万元	增加投资	/	第二年调整后	总资产	166.67 万元
	负债	70 万元				负债	116.67 万元
	净资产	50 万元				净资产	50 万元
	净总比	41.67%				净总比	30.00%

第三年、第四年、第五年，总资产均按照增值 20% 来计算，不增加投资，净总比也均按照 30% 做调整，第三年、第四年、第五年的资产情况分别见表 6-6、表 6-7、表 6-8。

表 6-6　第三年调整前和调整后的资产情况

第三年调整前	总资产	200.00 万元	增加投资	/	第三年调整后	总资产	277.78 万元
	负债	116.67 万元				负债	194.44 万元
	净资产	83.33 万元				净资产	83.33 万元
	净总比	41.67%				净总比	30.00%

表 6-7　第四年调整前和调整后的资产情况

第四年调整前	总资产	333.33 万元	增加投资	/	第四年调整后	总资产	462.96 万元
	负债	194.44 万元				负债	324.07 万元
	净资产	138.89 万元				净资产	138.89 万元
	净总比	41.67%				净总比	30.00%

表 6-8 第五年调整前和调整后的资产情况

第五年调整前	总资产	555.56 万元	增加投资	/	第五年调整后	总资产	771.60 万元
	负债	324.07 万元				负债	540.12 万元
	净资产	231.48 万元				净资产	231.48 万元
	净总比	41.67%				净总比	30.00%

通过上述模拟过程可以发现，30 万元的启动资金，通过创业或理财是可以用 5 年时间达成设定的财富目标的。这样的模拟虽然忽略了负债成本，但优秀的创业者通过职业和事业收入填补这样的成本并不困难。

对一些青年创业者而言，就算初始没有 30 万元资金，但通过对本书完整的学习和理解，也应该能创造方法获得启动资金并启动自己的规划。

青年创业者可以通过对社会制度、经济规律、法律法规、"双创"政策等的学习，结合对工商服务行业、房地产行业、金融与证券行业和互联网行业的综合研究，以"五个零"的方式来实现创业启动的目标，如图 6-3 所示。

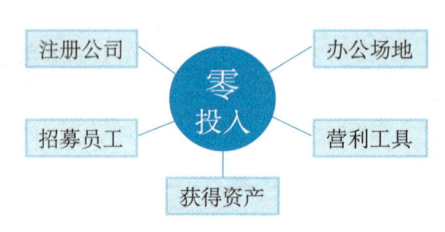

图 6-3 实现创业启动目标的"五个零"方式

已经认真读完本书的青年朋友，不要过多在意你的学习与行动的收获，只要坚持做好自己，总会有收获。**每个人都有其独特的人生价值，每个人都是卓越的创业者。**

在此，我们可以做一个资产组合方面的练习。假如目前有 100 万元无息资金，请制定合理的资产组合方案，用 1 年时间实现资产组合增值最大化。可以用表 6-9 中的三种投资工具进行资产组合。

表 6-9　可以借助的三种投资工具

投资工具	年增长率	杠杆属性
保险	5%	最高保额 500 万/1 万元保费
股票	30%	无
房产	20%	七成杠杆，综合年利率 10%

附录
100天合格创业者训练方案

> 青年学子创业之道

CIS-理想的召唤沙龙　触动创业之心

梦想人人有，理想则不然。理想可以认为是沉眠于梦想中相对理性又符合实际的想法，需要运用智慧才能唤醒它。对于青年人而言，梦想可以触动创业之心，理想则真正具有实现的可能性，可以引导创业者坚持前行。

CIS理想的召唤沙龙（公开课）		CIS理想的召唤沙龙（完整课程）	
《创业思维的修炼法则》	[1课时]	《创业思维的修炼法则》	[1课时]
《核心思想&三大要素》	[1课时]	《核心思想&三大要素》	[1课时]
《成功创业案例分享》	[1课时]	《成功创业案例分享》	[1课时]
《事业成长五大定律》	[1课时]	《事业成长五大定律》	[1课时]
		《加油！创业者》模拟游戏	[4课时]

1个游戏模块　2项总结作业　若干专题作业　4—8课时　2份调查表

教学目标：熟悉被全新定义的创业的涵义；梳理学习和研究的方向；加深学员对一些重要概念的理解；让学员拥有正确和先进的财富观；客观定义和认识商业人群；剖析各群体特点；了解青年人面临的社会现状；认识人生要解决的五大需求；深入探讨为什么要学习创业。

"加油！创业者"模拟游戏
在玩"加油！创业者"游戏的过程中，可以学到重要的财务、管理、投资、房产、金融等相关知识，有效提升学员的财经素养，该游戏模拟了人一生的创业历程。

EFC-创业基础集训营开启创业之行

青年学子创业之道

一般来说，只要解决了团队和资源的问题，就解决了创业者大部分的问题，EFC 基于这样的理念设立，不仅在理论方面对课程进行了更深入的剖析，让创业者牢固掌握知识，还通过独特的体验和实操训练，令其知行合一。

EFC - 创业基础集训营 开启创业之行	
《班级组建》训练	[2课时]
《五大定律详细拆解》	[2课时]
《企业可持续三大支撑力》	[2课时]
《团队融合训练》	[2课时]
《创业大赢家》真实数据模拟创业	[4课时]
《如何与3T建立合作》	[1课时]
《性格测试及资源盘点》	[2课时]
《向理想前行》	[2课时]

3个游戏模块　3项总结作业　若干专题作业　17课时　2份调查表

教学目标：深入剖析创业理论；引导学员对规律、法律、规则等进行学习和研究，提升学员的学习意愿和进化意识；加深学员对经济规律的认识，并体会其带来的财富效应；加深学员对投资工具的理解和认知；引导学员对重要创业资源的关注和研究，提升其整合资源的能力；引导学员探寻自身与周边资源的价值；通过测试使学员认识自身的创业和投资性格，树立财富目标并规划自己的事业格局；消除学员未知的恐惧，让创业青年敢于向理想前行。

经历过 EFC 阶段的学员，在思维观念和行为习惯方面会有明显的改变，这种由内而外的进化会让学员拥有更高的创业商数，使其在创业过程中目标更清晰、方法更有效。

EFC 课程可以帮助创业者节约 3—5 年的探索时间。

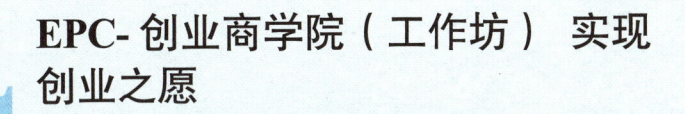

EPC-创业商学院(工作坊) 实现创业之愿

青年学子创业之道

是什么原因形成财富格局的二八定律呢？研究表明：思维模式和行为习惯是两个最主要的因素，影响这两个因素的就是"商数"。因此，商学院就是为训练创业者的创业商数而建立的，事实上，绝大部分当代优秀的企业家、投资家在其开创事业之前都进入过商学院学习。

创业准备月（工作坊）	课程	课时
	《宏观经济与财经资讯》	[2课时]
	《创业方案初步编制》	[2课时]
	《创建盈利工具》	[2课时]
	《资源整合头脑风暴》	[2课时]
	《领导力训练》	[4课时]
	《企业平台价值》	[2课时]
	《商业模式与价值评估》	[2课时]

2个游戏模块　9项总结作业　若干专题作业　16课时　1份调查表

创业实施月（工作坊）	课程	课时
	《作业成果交流》	[2课时]
	《创业方案深度编制》	[2课时]
	《现金流规划》	[2课时]
	《企业资产配置》	[2课时]
	《股权化与公众公司》	[2课时]
	《持续学习计划》	[2课时]
	《现代社交沙龙》	[7课时]

1个游戏模块　10项总结作业　若干专题作业　19课时　2份调查表

创业收获月（工作坊）

《固定资产研究》	[2课时]
《精准人脉交际》	[2课时]
《流动资产研究》	[2课时]
《金融信贷研究》	[2课时]
《核心团队建立》	[2课时]
《创业方案完整编制》	[2课时]
《结业演讲》	-----

0个游戏模块　6项总结作业　若干专题作业　12+课时　1份调查表

创业不仅是开创企业的"业"，更是创建人生的"业"，创业教育的成果重要的呈现就是创业规划，EPC 让创业者完成的这份创业规划，既包含商业规划，也包含家庭财富规划和个人职业成长规划。优秀的创业者能完整地把这三条财富路径清晰合理地呈现，并具备实现它们的能力，这样的创业者从开始行动的一刻起就已经是"创业成功者"。

青年朋友们在创业道路上需要不断地求师问道，所谓"三人行，必有我师"，这句话说的师大多是"术"方面的导师，他们可以引导创业者"把事情做对"。追求完满的财富人生还应该拥有"道"方面的导师，这类导师既能引导创业者"做对的事情"，又能帮助创业者"悟道""布道"并"得道"，这样的导师，人生能得一位足矣。刘德华先生曾说过，学到了就教给别人，赚到了就分给别人。这就是"道"，看似简单的一句话，有的人可能需要用一生的经历去领悟。

参考文献

1 ［美］凯文·凯利.必然.周峰，董理，金阳译.北京：电子工业出版社，2016
2 李宝山.企业资源配置.北京：企业管理出版社，1999
3 ［美］罗伯特·清崎，［美］莎伦·莱希特，萧明译.富爸爸穷爸爸.海口：南海出版公司，2011
4 ［德］卡尔·马克思，中共中央马克思恩格斯列宁斯大林著作编译局译.资本论.北京：人民出版社，2004
5 ［美］威廉·贝纳德.哈佛家训Ⅲ——一位哈佛博士的教育课本.张玉译.北京：中国妇女出版社，2009
6 ［美］亚伯拉罕·马斯洛，许金声等译.人类激励理论.北京：中国人民大学出版社，2007
7 ［以色列］尤瓦尔·赫拉利，林俊宏译.人类简史——从动物到上帝.北京：中信出版社，2013